KB095971

우리 옷
이천 년

집필내용

한국 복식의 기본 구조 : 조효순
1장 삼국시대 복식 : 조효순
2장 가야·통일신라·발해의 복식 : 김영재
3장 고려시대 복식 : 김미자
4장 조선시대 복식(남자복식) : 김미자
4장 조선시대 복식(여자복식) : 류희경
5장 개화기 및 일제강점기 : 최은수
6장 근대, 현대 그리고 미래(1940-1970년대 패션) : 신혜순
6장 근대, 현대 그리고 미래(1980-미래 패션) : 박민여

우리 옷
이천 년

류희경 · 김미자 · 조효순 · 박민여

신혜순 · 김영재 · 최은수

미술문화
MISUL MUNHWA

자료제공

가천박물관	문화재연구소
간송미술관	세종대학교 박물관
고려대학교 박물관	서울여자대학교 박물관
국립경주박물관	서울역사박물관
국립공주박물관	숙명여자대학교 박물관
국립광주박물관	안동대학교 박물관
국립민속박물관	온양민속박물관
국립중앙박물관	육군박물관
고궁박물관	이화여자대학교 박물관
김영숙	충북대학교 박물관
단국대학교 석주선민속박물관	호암미술관 (가나다순)

우리 옷 이천 년

2001년 5월 1일 발행
2018년 9월 14일 개정 5쇄

류희경 · 김미자 · 조효순 · 박민여 · 신혜순 · 김영재 · 최은수

펴낸이 · 지미정
펴낸곳 · 미술문화
경기도 고양시 일산동구 중앙로 1275번길 38-10, 1504호
전화 (02) 335-2964
팩스 (031) 901-2965
등록번호 제10-956호
등록일 1994. 3. 30

ISBN 978-89-91847-56-9
값 17,000원

본 책자의 무단 게재를 금합니다.
www.misulmun.co.kr

책을 펴내면서

온갖 초목들이 긴 겨울의 황량함을 벗어나 생명의 화려함을 뽐내는 오월에 삼국시대부터 현재 미래까지의 우리 복식의 멋과 아름다움을 담은 "우리 옷 이천 년"이 출판된 것을 무척 기쁘게 생각합니다. 사람살이의 가장 기본이 되는 의식주 가운데 '의'는 사람을 사람답게 보이도록 하는 것입니다. 때문에 우리 옛 선인들은 의복을 정갈히 갖추어 입었으며, 또한 그 멋을 살리고자 애를 썼습니다.

흰옷을 숭상했기에 백의민족이라 불리었던 우리 민족은 소박함 속에서도 시대에 따라 화려함과 순수함을 절묘하게 섞으며, 고운 태를 살려 우리 옷의 멋을 찾고자 하는 노력을 계속해 왔습니다. 또한 우리 민족은 자연의 이치와 순리를 따라 생활하면서 자연으로부터 옷감과 염색 재료를 채취해 사용하는자연 친화적인 복식문화를 이루어왔습니다. 이렇듯 전통복식은 오랜 기간동안 우리 민족의 생활과 정서를 올곧게 담아 그 멋을 추구하며 변화를 거듭해 왔기에 우리의 옛 선인들의 삶과 문화를 알 수 있는 훌륭한 자료이기도 합니다.

이번 출판은 "한국방문의 해"를 맞아 우리 전통복식문화의 뿌리를 더듬어보는 "한국복식문화 2000년" 행사 일환으로 추진되는 "한국복식문화2000년展"을 기리고 체계적으로 우리옷을 살펴보는 기회를 가지기 위한 것입니다. 이를 통해 유구한 역사를 지닌 우리 전통 복식문화의 역사성과 우수함을 대내외에 널리 알리는 계기가 되었으면 합니다. 아울러 우리 옷 한복이 지닌 우수함이 계승 발전됨은 물론 미래의 복식문화로 재창조되어 우리 복식문화산업이 세계적으로 경쟁력있는 패션산업으로 성장하는 기회가 되었으면 하는 바람입니다. 우리 옷을 사랑하시는 모든 분들께 감사 드립니다.

2001년 5월
문화관광부장관 김한길

우리 옷 이천 년

오랜 역사를 지닌 우리 민족은 어느 민족보다도 지역에 맞는 합리적인 의생활을 영리하여 왔다. 사계절이 뚜렷한 우리 나라는 계절에 따라 같은 옷감이라도 그 취급에 따라 바느질법이 달라져 왔으며 대단히 예리한 감각으로 섬세하게 복식 문화를 이루어 외국보다 수십 년 수백 년 앞서 왔음을 유물을 통하여 볼 수 있다.

한때 외세에 밀려 후퇴하기도 하였으나, 2000년대부터 우리 것을 재인식하고 세계화하고자 문화관광부에서 앞장서서 다방면으로 홍보하기에 이르렀다.

'한국복식문화 2000년' 특별전은 역사 이래 오늘날까지 우리 옷의 변천에 초점을 맞추어 일반인에게 우리 것을 알리기 위하여 마련된 행사이다.

삼국시대부터 현재까지 더 나아가 미래지향적인 복식까지 구상해서 제시하였다. 삼국시대 이전의 우리 민족의 복시자료가 없으므로 삼국시대의 복식에 관하여는 옛 기록이나 또는 고분벽화, 각종 유물을 통하여 그 모습을 찾아볼 수 있다. 그러나 발해와 신라통일 이후 고려에 들어오면서 원 복속기(服屬期)까지는 우리 옷을 찾기가 매우 힘든 상황이다. 기록도 너무나 단편적이고 도상(圖像)도 드문 실정이다.

고려 말에서 조선으로 넘어오면서는 문헌이나, 회화 유품 등이 당대의 복식 문화를 다소 입증하여 주고는 있으나 아직은 미흡한 상태이다.

앞으로 보다 많은 자료 수집과 연구가 있어야 할 것이다.

앞장서서 이끌어 주신 문화관광부, 그리고 조직위원 여러분들께 감사드리며 많은 사람이 우리 문화의 일단이나마 이해하는 데 도움이 되기를 간곡히 바란다.

2001년 5월

집필위원장 류희경

우리 옷 이천 년 차례

한국 복식의 기본 구조

복식은 식생활이나 주생활과 함께 기층 문화의 알맹이로 인간의 생활 문화 중에서도 가장 중요한 위치를 차지한다. 복식은 그 민족의 의식 구조와 복식 심리를 보여 주는 중요한 문화 현상이라 할 수 있다.

한국 복식의 기원과 원류를 밝히려면 그것을 형성하고 있는 모든 문화 요소들을 고찰하여야 하기 때문에 매우 어려운 일이나 우선 문헌과 유물, 회화 자료, 민속 조사를 통하여 한국 복식이 어떻게 형성되고 변천해 왔는지 살펴볼 수 있겠다.

우리 나라 사람들이 언제부터 의복을 착용했는지 확실히 알 수 없으나 이미 선사시대에 의복과 관련된 유구가 보인다. 구석기시대에는 초목의 껍질이나 동물의 가죽이나 털로 몸을 보호했으리라 생각된다. 기원전 3000년 신석기 유적에서 마사(麻絲)가 붙은 재봉용 뼈 바늘〔骨針, 그림1〕과 물레 그리고 몸을 장식한 장신구류, 귀고리, 팔찌 등이 발견되어 신석기인들이 가죽옷〔皮衣〕을 입었거나 직물을 짜고 '재봉된 옷'을 입었다는 것을 짐작하게 한다.

이와 같이 신석기인들의 완성된 유고(襦: 저고리, 袴: 바지) 제도의 형태는 청동기시대의 스키타이계 복장에서 볼 수 있다. 스키타이 족은 기원전 7~3세기에 흑해를 중심으로 살았던 유목 기마 민족으로 이 문화가 북방 유라시아 '조원의 실'을 통해 우리 나라에 들어오게 된 것으로 본다. 스키타이계 복장〔호복(胡服)이라고도 함〕은 상하가 분리되는 형식으로 스키타이 인물상에서 그것을 볼 수 있다.(그림2) 우리 나라에서도 대전 괴정동에서 출토된 농경문 청동기(그림3)와 고구려의 무용

1. 골침, 신석기시대, 온양민속박물관 소장

2. 고(袴), 스키타이 인물상, 기원전 4세기, 크리미아 출토

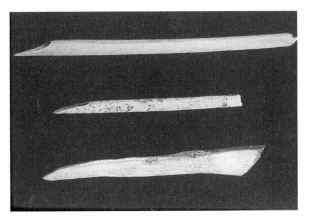

3. 유 · 고 · 상투, 농경문 청동기, 국립중앙박물관 소장

4. 유 · 고 · 절풍, 무용총 접견도

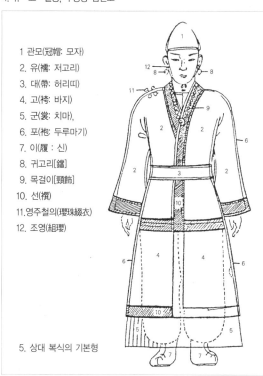

1 관모(冠帽: 모자)
2. 유(襦: 저고리)
3. 대(帶: 허리띠)
4. 고(袴: 바지)
5. 군(裳: 치마),
6. 포(袍: 두루마기)
7. 이(履 : 신)
8. 귀고리[鐺]
9. 목걸이[頸飾]
10. 선(襈)
11.영주철의(瓔珠綴衣)
12. 조영(組纓)

5. 상대 복식의 기본형

총 벽화 접견도(그림4)에서 유고(襦袴)를 착용한 모습을 볼 수 있는데 거의 동일한 유고 제도로 우리의 복식은 북방 호복 계통의 복장임을 알 수 있다.

또한 민족학적 지리적으로 볼 때 동북에는 숙신족, 서북에는 선비족과 돌궐족, 서에는 한족이 있어 인접 국가들과의 빈번한 교섭과 복식 문화 교류가 있었으며, 언어 인류학상으로 조선어가 우랄 알타이어계라는 점에서도 이를 수긍할 수가 있다. 알타이계 복식이란 북방 기마 유목민의 복식으로 추위와 유목 생활에 적합하도록 몸을 완전히 감싸 주며 소매와 바짓가랑이가 좁은 '상의하고(上衣下袴: 저고리, 바지)'의 분리형 양식〔二部式〕을 말한다. 이것은 착수의(窄袖衣: 좁은 소매 저고리)와 궁고(窮袴: 홀태 바지)의 유형으로 북방계 호복 계통의 옷임을 확실히 해준다. 이 호복은 몽고, 티베트, 북유라시아, 중앙아시아, 동부아시아, 일본까지도 널리 채용되었다.

우리 복식의 기본 구조는 유(襦: 저고리), 고(袴: 바지), 상(裳: 치마), 포(袍: 두루마기)를 중심으로 하여 관모(冠帽: 모자), 대(帶: 허리띠), 화(靴), 또는 이(履 : 신), 버선〔襪〕을 착용하고 여기에 이식(耳飾: 귀고리), 경식(頸飾: 목걸이), 완식(腕飾: 팔찌), 지환(指環: 반지) 등 모든 복장 장식(服裝裝飾)을 첨부하는 문화 민족으로서의 복식 구조를 가지고 있었다. 옷을 입는 양식을 보면 유 · 고, 상, 포를 입고 대를 매어 의관 정제(衣冠整齊)를 하였다.(그림5) 우리 옷의 전통 양식은 앞을 여는〔前開〕 카프탄(Caftan) 형식이며 왼쪽이나 오른쪽으로 여미는 형식이다.

이같은 우리의 기본적인 복식 구조는 고조선 이래 수 차례에 걸친 외세의 압력과 침입 등으로 다른 나라의 새로운 복식 문화가 들어와 적지 않은 영향을 미친 바 있으나 이러한 외래 문화는 복식의 세부적인 변화만 가져왔을 뿐 우리 민족 고유의 복식 구조를 변화시키지는 못하였다. 특히 저고리와 바지 · 치마 · 두루마기로 대표되는 서민의 기본 복식은 민족사가 형성된 이래 지금까지 면면히 이어지고 있다.

제1장 삼국시대 복식

여러 부족동맹국들이 차츰 국가의 형태를 이루고, 그 내부에서 몇 개의 중심 세력이 나타나면서, 고구려 · 백제 · 신라의 삼국이 성립되었다. 이 세 국가는 나름 대로 고유의 문화를 꽃피워 갔는데, 특히 의복의 재료인 직물이 크게 발달하여 견 직물만 해도 주(紬), 능(綾), 사(紗), 라(羅) 등으로 다양하게 생산되었고 모직물도 견(絹), 백류(帛類), 마직물, 포(布) 등 여러 가지가 생산되었다.

삼국시대의 복식은 국가 체제의 확립과 더불어 계층화된 신분 제도로 귀족복 과 서민복으로 구분되었고, 귀족들의 복식은 그들의 권력과 부를 복식을 통해 과시 함으로써 호화로운 형태로 변모해 갔다. 반면에 평민들의 복식은 앞 시대와 크게 다를 바 없이 고유복의 기본 형태에서 세부적인 변화만 있을 뿐이었다. 고구려, 백 제, 신라 복식 제도를 구체적으로 살펴보면 다음과 같다.

고구려 복식

고구려는 부여의 젊은 영웅 고주몽〔高朱夢: 동명성왕(東明聖王)〕이 B.C. 37년 에 세운 나라로 중국, 백제 등과 싸우면서 집권 왕국을 이루었다. 고구려는 점점 영 토를 확대하여, 제19대 광개토왕(廣開土王), 제20대 장수왕(長壽王)대에는 영토를 가장 크게 확장하였으나 나당 연합군에 의하여 668년(보장왕 27)에 멸망하였다.

고구려의 복식은 고구려 고분벽화 인물상에서 비교적 정확한 형태를 살필 수 가 있으며 이와 함께 고문헌의 자료를 중심으로 고구려 사람들의 복식 생활을 정리 해 보면 다음과 같다.

1. 관모(冠帽)

남녀노소 모두 관모를 썼는데 남자는 변형모(弁形帽), 조우관(鳥羽冠), 절풍 (折風), 금관(金冠), 갓〔笠〕, 책(幘), 건(巾) 등을 썼고 여자는 건(巾)을 썼다.

왕은 오채복(五彩服)에 금테를 두른 백라관(白羅冠, 그림6)을 쓰고 여기에 금

6. 백라관, 안악 3호분 무덤 주인

7. 절풍, 무용총 접견도

8. 조우관, 쌍영총 기마도

9. 조미관, 무용총 수렵도

구(金釦)를 장식하였으며, 대신(大臣)은 청라(靑羅) 조우관, 일반 관민은 강라(絳羅) 조우관에 백위대를 띠었으며, 황혁리(黃革履)를 신었다. 그리고 평민(平民)은 갈의(葛衣)를 입고 변(弁)을 썼다.

1) 변형모(弁形帽)

변형모인 절풍(折風, 그림7)은 삼각형의 고깔 모양이다. 고문헌에는 변(弁), 절풍(折風), 소골(蘇骨)이라 하였다.

2) 조우관(鳥羽冠)

조우관은 변형모에 새의 깃털을 꽂은 것으로 후에 금, 은과 같은 금속제로 조우상(鳥羽狀: 새의 깃털)이나 녹이상(鹿耳狀: 사슴뿔)을 만들어 달기도 하고, 조미(鳥尾)라고 하여 아름다운 새의 꼬리를 한데 묶어 절풍의 정면에 꽂기도 하였는데 전자를 조우관(鳥羽冠), 후자를 조미관(鳥尾冠)이라 하였다.(그림8, 9)

10. 투조 화염문 금동관, 평양 청암동 토성 출토

3) 금관(金冠)

고구려 대륜식 입식관(立飾冠: 머리 테에 입식을 꽂은 형)은 평양 청암동 출토 투조 화염문(透彫火焰文) 금동관(그림10)을 통해서도 볼 수 있다. 고신라와 가야의 산자형(山字形) 입식관과 달리 백제의 관식과 비슷한 양식을 보이며 불꽃 문양을 투조하였다.

11. 책, 수산리 고분벽화 관원

4) 책(幘)

책은 건과 같이 머리에 동여매던 수건의 사용에서 유래된 것으로 보인다. 고구려 관원들이 썼고 서민들은 쓸 수가 없었다. 책은 그 형태가 다양한 모양을 하고 있다. 책의 형태는 미천왕릉, 안악 2호분, 안악 3호분, 약수리 고분벽화에 보이는 것처럼 뒤가 3갈래 갈라진 것(그림11)과 앞이 얕고 뒤가 솟은 뾰족한 형이다. 이는 중국 화상석(畵像石)의 책과는 전혀 다른 양식이다.

5) 건(巾)

건은 머리를 덮어 쓰는 수건의 일종으로 수산리 고분 벽화의 두 남자와 각저총 여인도에서 그 모습을 볼 수 있다.(그림12)

6) 건귁(巾幗)

건귁은 건(巾)에서 유래되었으며 수건을 이용하여 수발을 정용시킨 여자관모로 볼 수 있다.(그림13)

12. 건, 수산리 고분벽화의 건을 쓴 두 남자

13. 건귁, 각저총 무덤 여주인

14. 갓, 감신총

7) 갓(笠)

문헌상의 기록에서는 찾아볼 수가 없다. 그러나 평남 용강군 감신총의 수렵 인물도에서 갓을 쓴 모습이 발견되고 있어, 고구려인들이 수렵용으로 갓을 사용하였음을 알 수 있다.(그림14)

2. 머리 모양

고구려 사람들의 머리 모양 역시 고분벽화를 통해 여러 가지 형태를 파악할 수 있다. 남자는 상투 머리(낱상투, 그림15)와 두 개의 상투를 솟게 한 쌍상투(雙紒), 묶은머리(總)가 있다. 여자의 경우는 얹은머리가 있고, 자신의 머리털에다 가발을 드려 빗고 그 위에 장식 비녀를 꽂은 큰 얹은머리(環髻)가 있다.(그림16) 이 밖에

15. 날상투, 삼실총 장사도

16. 큰 얹은머리, 안악 3호분

머리를 뒤통수에 낮게 틀어 준 쪽머리, 정수리 가까이에 두 개의 상투를 솟게 한 쌍상투머리, 머리털을 자연스럽게 빗어내린 내린머리(채머리) 등을 볼 수 있다.

그리고 머리털을 세 가닥으로 나누어 한 가닥은 위로 하고 나머지 두 가닥은 좌우 양뺨 근처에서 각각 묶어 내려뜨린 푼기명머리가 있다.

3. 의복

1) 유(襦: 저고리)

저고리는 남녀 모두가 입었는데 고분벽화에 나타난 것을 보면 남자 저고리는 대략 곧은 깃(직령교임)에 길이는 허리정도이고 통수(筒袖)로 소매통은 좁으며 여밈은 좌임도 있고 수산리 벽화의 두 남자(그림12)에서는 우임도 보인다. 안악 3호분 동측 벽화 중간에 4명의 부월수(斧鉞手)는 모두 장유(長襦)를 입고 합임(앞중심여밈)이며 머리에는 정수리가 터진 책을 썼다.(그림17) 여밈의 고정은 허리띠를 둘러매고 있는데, 대부분은 앞에서 묶어 주고 있다. 무용총 주실 북벽 무용도의 저고리와 같이 소매가 착수(窄袖)이며 유난히 긴 특수한 형태도 있다.(그림18)

저고리의 형태는 무용총 주실 서벽 수렵도에 보이는 남자 저고리는 짧으며 소매는 좁다.(그림9) 또한 무용총 주실 북벽 접견도의 저고리에는 점무늬가 있고 부리에는 넓은 끝동이 대어져 있다.(그림4) 장회태자묘의 고구려 사신은 소매가 넓은 장유를 입고 절풍 조우관을 썼다.(그림19) 쌍영총 연도 세 여인의 행렬도(그림20)를 보면 저고리 길이가 요부(腰部)까지 내려오고 여밈은 우임이며 깃, 여밈, 부리, 도련에는 선(襈)을 둘렀는데, 그 선에는 흑지홍색(黑地紅色) 문양이 있고, 주선(主襈)과 부선(副襈)이 나타나고 있으며, 소매는 길다. 한편 수산리 벽화에서 귀

17. 장유·책, 안악 3호분 부월수

18. 유·고·상·포, 무용총 무용도, 저고리 소매가 유난히 길다.

19. 장유·고, 장회태자묘 고구려 사신도

20. 고구려 부인의 저고리와 군, 쌍영총

21. 귀족 남자·여자·시종·시녀 (곡산을 듬), 수산리 고분벽화 모사도

14

22. 귀부인, 수산리 고분

족 여인의 뒤를 따르는 시녀(그림21)는 유와 상을 입고 곡산을 들었는데, 유는 무문흑색 선(無紋黑色襈)이고 소매 길이도 짧고 좁은 소매이다. 이 저고리는 시종자급 여인의 저고리 특징을 잘 나타내 주고 있다. 저고리에 선을 대는 방법 중에는 특이하게 주선과 부선의 이중으로 된 것도 있다. 실제로 수산리 귀부인(그림22), 덕흥리 여주인, 쌍영총 세 여인도(그림20)에서는 귀족 부인의 옷차림을 보여 주는데 선의 색깔이 곱고 무늬가 다양하며 주선과 부선이 있고 소매통이 넓고 길다. 특히 수산리 귀부인의 저고리 선에는 봉황, 거북, 잉어, 인동당초문 등 다양한 문양이 보인다.

2) 고(袴: 바지)

고구려의 바지에 대한 고기록에는 태구고(太口袴), 대구고(大口袴), 적황고(赤黃袴), 궁고(窮袴) 등이 있으며 신분에 따라 구별했다. 안악 3호분의 장하독(그림23)과 기마무사는 관고(寬袴)를 입었고, 무용총 시녀는 세고를 입었고(그림24), 삼실총 장사는 잠뱅이(그림15)를 입었다. 이밖에 바지 색깔도 자색, 적색, 적황색, 검은색, 소색, 황갈색, 고동색 등 여러 가지가 있으며 점무늬가 있는 경우도 있다. 삼실총 시종 남자는 무문흑색 선을 댄 유·고를 입었다.

고분벽화에서 보면 남녀 모두 바지를 기본 복식으로 하고 있는데 무용총 주실 우벽 벽화인 무용도에 여자 상(裳) 밑으로 속바지를 입은 모습이 보인다.(그림18)

3) 상(裳), 군(裙)

치마는 주로 여인들이 착용하는 것으로 군은 상보다 폭을 더해서 미화시킨 것이다. 삼실총 귀부인은 군을 입고 건(巾)을 썼다.(그림25) 한편 벽화에 나타난 치마의 형태 중 특이한 것은 치마폭에 여러 색을 조화시킨 색동치마가 보이는데 이

23. 대구고, 안악 3호분 장하독

24. 고(袴), 무용총 공양도 시녀와 노인우라 출토 바지

25. 귀부인, 삼실총 모사도

26. 색동치마, 일본 다카마스총

27. 무희복, 삼각 앞치마, 안악 3호분

28. 심의제, 수산리 벽화 귀족 남자 복식 재현

29. 포, 쌍영총 부부도

치마는 수산리 고분 서벽 벽화의 귀부인이 입고 있다.(그림22) 색동의 조각이 위쪽은 좁고 밑단 쪽은 넓어 색동천을 모두 이었을 때 A-라인 치마가 조형되었고 색동의 색은 자색, 적색, 살색, 소색 등으로 아름다운 배색의 미를 보여 준다. 이 색동치마는 우리 나라뿐만 아니라 일본의 다카마스총(高松塚) 벽화(그림26), 중국의 소수 민족 중 중가족(中家族)의 치마에서도 보이고 있어 동북아시아의 모든 민족이 착용하였음을 알 수 있다. 또한 안악 3호분 디딜방아 찧는 여인은 짧은 치마를 입었고 무희인 듯한 여인은 짧은 치마에 삼각 앞치마(그림27)를 입었다.

4) 포(袍)

고구려의 포는 남녀가 입었는데 고구려 고분벽화에서 그 유형을 알 수 있다. 왕은 대수자포(大袖紫袍)에 백라관(白羅冠)을 썼다.(그림6) 수산리 고분벽화의 귀족 남자는 책, 심의제(深衣制, 그림28), 곡산을 쓰고, 관원(官員)은 길이가 긴 포에다 책을 썼다. 쌍영총 부부도에서는 대수포가 보인다.(그림29) 상류층의 포는 소매가 넓고 길이가 긴 중국식 형태로

30. 승려복(장삼 · 가사), 쌍영총
공양도

31. 쌍영총 승려복 재현

32. 찰갑 · 투구 · 마갑, 삼실총

33. 반비형 갑옷, 삼실총

한(漢)의 영향인 것 같다. 쌍영총 승려의 포는 괴색
장삼에 화려한 무늬의 가사를 착용하였다.(그림30,
31)

5) 갑옷과 투구

삼실총 기마인은 전신을 싸는 찰갑과 투구를 썼고 말은 마갑을 했으며(그림
32) 안악3호분 장수는 피갑, 삼실총 무사는 반비형 갑옷을 입었다.(그림33)

4. 대(帶)

고구려의 대는 대구(帶鉤)를 부착한 가죽으로 된 피혁대(皮革帶)와 섬유질로
만든 포백대(布白帶), 요패(腰佩)를 매달고 있는 금속으로 된 금구혁대(金鉤革帶)
등을 착용한 것으로 생각된다.

34. 포백대, 무용총 공양도

1) 피혁대(皮革帶)

고구려 관계 고기록에 보이는 백위대(白韋帶), 백피소대(白皮素帶), 소피대(素皮帶) 등은 가죽으로 된 대를 지칭하는 것으로 고분벽화 기마인물도에도 이 피혁대를 착용한 모습이 보인다.

2) 포백대(布帛帶)

고구려 관계 고기록에는 자라대(紫羅帶)라는 견직물대의 착용 기록이 있다. 고구려 고분벽화에서 가장 흔하게 볼 수 있는 대의 모습은 직물로 된 것인데 주로 좁은 띠이다. 사승대(絲繩帶: 실띠), 넓은 폭의 띠 등이 있으며, 옷 위에 매는 위치도 앞, 뒤, 옆 등으로 다양하다.(그림34)

고분벽화에서 귀인층은 넓은 폭의 띠를 두르고(감신총 정좌주인)이고, 서민층은 좁은 띠(무용총 무용인)를 두르며, 시종자(侍從者)나 마부(馬夫)와 같은 천민층은 사승대(개마총 마부)를 띠고 있음을 볼 수 있다.

3) 과대(銙帶)

과대는 혁대 또는 포대에 금판 장식이 달린 과판을 부착하고, 그 한쪽 끝에는 교구(鉸具), 다른 한쪽 끝에는 대단금구(帶端金具)를 달아 허리에 찬 것이다. 흉노에서도 대단금구가 발굴되고 중국에서는 한대의 무인 복장으로 호복인 고습(袴褶: 바지와 저고리)과 함께 과대를 착용하였다. 『한원』고구려조에 "칼[刀]과 숫돌을 허리에 찼는데…"라 하여 고구려의 금구혁대, 과대의 풍속을 알려 주고 있다.

5. 신

화(靴)는 신목이 있는 것으로 『구당서(舊唐書)』기록에는 적피화(赤皮靴: 붉

35. 이(履), 무용총 무용도

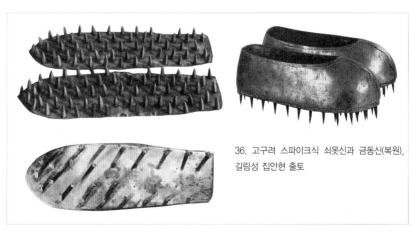

36. 고구려 스파이크식 쇠못신과 금동신(복원), 길림성 집안현 출토

은색 가죽 신), 오피화(烏皮靴: 검은 가죽 신)가 있다. 매산리 사신총과 쌍영총 기마도를 보면 말 타는 데 편리하도록 신끈이 달려 있다.

　　이(履)는 신목이 없는 것으로 삼국시대 이전의 기록인『후한서(後漢書)』에 초리(草履),『진서(晉書)』에 초교(草轎) 등 짚신이 나타나며, 고구려 관계 고기록에도『북사(北史)』에 황혁리(黃革履),『구당서』에 황위리(黃韋履)가 나타나 있어 가죽으로 된 이가 착용되었던 것으로 보이며, 이 같은 신목 없는 이의 형태는 고구려 고분벽화 무용도에도 보이고 있다.(그림35) 또한 스파이크식 금동리의 예로 고구려 고분벽화 삼실총 무인(武人)의 이는 운두가 얇고 앞의 코가 뾰족한 전형적인 신이며 신창이 스파이크식으로 묘사되어 있다. 실제로 이러한 금동리는 높은 군인 계급이 신었을 것으로 통구 12호묘, 길림성 집안현 출토의 스파이크식 금동리가 보인다.(그림36)

37. 귀고리, 남포시 강서구역 약수리

38. 금 귀고리, 평안남도 대동군 출토

39. 금 귀고리, 남포시 강서 구역 약수리 출토

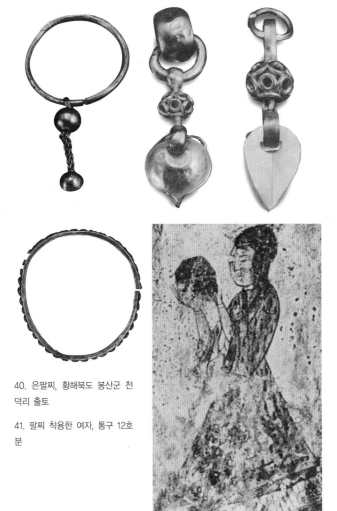

40. 은팔찌, 황해북도 봉산군 천덕리 출토

41. 팔찌 착용한 여자, 통구 12호분

6. 장신구

　　고구려의 장신구는 그 출토의 예가 빈약하나 장신구 유물에는 귀고리, 팔찌, 반지 등이 있고 목걸이는 고구려 벽화 인물도에도 보이지 않고 있다.

　　귀고리에 대한 고기록으로는 먼저『구당서』음악지 고려악조에 "금당(金璫)으로 장식하였다" 하였고『한원』고려조에는 "귀를 뚫어 금환으로 장식하였다" 하였는데 실제로 유물에 심엽형(心葉形: 나뭇잎형) 귀고리가 보인다.(그림37, 38, 39)

　　고구려인들의 팔찌 착용 모습은 통구 12호분 벽화에서 볼 수 있다.(그림41) 남녀 공용이었을 것이며 양팔이나 한 팔에 여러 개를 차기도 한 것으로 보이는데 출토품으로는 황해북도 천덕리의 팔찌(그림40)와 고구려 봉화리 1호분의 사복문환식 팔찌가 있다.

　　고구려의 반지는 금, 은, 동제가 있는데 수량도 많지 않고 대개 단순한 형태이며 마름모형 반지가 있다.

백제 복식

백제는 진한, 마한의 지역에 고구려 주몽(畫夢)의 아들 온조(溫祚)가 남으로 내려와 B.C. 18년 하남 위례성(慰禮城)에 나라를 세우고 시조가 되었다. 제30대 무왕(武王) 때부터 신라와의 전쟁으로 쇠퇴하여지고 의자왕(義慈王) 20년(660) 나당 연합군에 의해 멸망하였다.

백제의 복식 생활은 『삼국사기(三國史記)』를 비롯하여 주변 국가인 중국의 『이십오사(二十五史)』, 일본의 『일본서기(日本書紀)』 등의 단편적인 기록 및 무령왕릉 출토의 부장품, 양(梁)의 직공도(職貢圖) 등을 통해 그 대략을 살필 수 있다. 『북사(北史)』, 『구당서』 등에 이르기를 백제는 "언어와 복식, 음악이 고구려와 같다"고 했듯이 일반적인 복식은 고구려 고분벽화에 나타난 것과 유사한 것이었다.

1. 관모

백제 사람들의 머리 모양은 『북사』, 『수서』, 『주서(周書)』의 기록들을 볼 때, 기혼녀는 머리를 둘로 나누어 정수리에 얹는 형태였으며, 미혼녀는 머리를 땋아서 뒤로 늘이거나 땋은 머리를 둥그렇게 얹은 뒤 한 가닥은 뒤로 내리뜨려 기혼녀와 구별하였던 것으로 보인다. 그리고 남자의 머리 모양은 백제 무령왕릉에서 머리꽂이(그림48)가 출토된 바 있어, 고구려 벽화에서 보았던 상투가 백제에서도 있었음을 알려 주고 있다.

42. 변형모, 부여 출토 기와 인물상

1) 변형모

백제도 변형모를 착용했는데(그림42) 전남 나주군 반남면 9호분 출토 금동관의 내관에 변형모의 형태가 보인다.(그림43)

2) 금동관

문헌의 기록에 관모장식[冠飾]으로 왕은 금화(金花)를 하고 1품에서 6품까지는 은화(銀花)로 한다고 되어 있다. 무령왕릉에서는 각 한 쌍의 왕과 왕비의 금제 관모 장식(그림44)이 출토되었다. 나주 반남면 제9호분 금동관(그림43)은 금동 대륜에 세 개의 수목형 입식을 세운 것이다.

43. 금동관, 전남 나주 반남면 9호분 출토, 국립중앙박물관 소장

44. 금제 관식(왕과 왕비), 국보
154 · 155호, 무령왕릉 출토, 국립
공주박물관 소장

45. 백제 국사도, 양직공도 중 부
분, 북경 역사박물관 소장

2. 의복

1) 유(襦)

유에 대한 고기록은 『양서(梁書)』 열전(列傳)에 복삼(復衫)이라
고 기록되어 있는데, 이는 고구려 고분벽화에 보이는 유와 비슷한 모
양일 것이다. 장유(長襦)는 유와 포 사이의 중간 길이이며, 『주서』 열
전 백제조에도 "부인의 의(衣)는 포(袍)와 유사하다" 하여 장유를 알
려 준다.

2) 고(袴)

백제의 바지에 대한 기록은 왕의 것으로 청금고(靑錦袴)라는 것
이 있는데, 이는 통이 넓은 푸른색 금직의 화려한 바지라고 볼 수 있
다. 한편 〈백제 국사도〉의 바지를 보면 통이 넓고 밑단에 선을 두른
것을 볼 수 있고 양복 바지와 같은 유형으로 대님을 매지 않고 있
다.(그림45)

3) 상(裳)

백제의 치마에 대한 기록은 없으나 복장이 고구려와 동일하다는 기록으로 미루어 여인들은 고(袴) 위에 의례적인 경우 상을 착용했을 것으로 본다.

4) 포(袍)

『구당서』에 "왕은 대수자포(大袖紫袍)를 착용했다"는 기록이 있는 것으로 보아 백제에서도 포를 착용했음을 알 수 있고 그 형태도 고구려 고분벽화에 보이는 소매가 큰 중국식 포였음을 짐작할 수 있다.

3. 대(帶)

『구당서』에 "왕이 소피대(小皮帶)를 띠었다"는 기록이 있다. 고이왕 27년(270년) 공복 제도는 품계에 따라 자(紫), 조(皂), 적(赤), 청(靑), 황(黃), 백(白)의 대를 착용했다는 기록이 있다. 유물로는 무령왕릉 출토 은제 과대(그림46)가 있다.

그리고 관리의 복식은 관식(冠飾)·대색(帶色)으로 구분하였다. 대색은 1품에서 7품까지는 자색, 8품은 검은색, 9품은 적색, 10품은 청색, 12품은 황색, 13품에서 16품까지는 백색이었다.

46. 은제 과대, 무령왕릉 출토, 국립공주박물관 소장

4. 신

백제의 화(靴)는 유물이 없고 다만 〈백제 국사도〉에 화의 착용 모습이 보인다.(그림45) 이(履)에 대한 것은 공주 지역 무령왕릉의 왕과 왕비의 금동리가 있다.(그림47) 신바닥에는 9개의 못이 장식되어 있으며, 외부는 인동당초문이 조각되어 있어 이 금동리들은 의례적인 경우에 착용하였을 것으로 보인다.

47. 스파이크식 금동리, 무령왕릉 출토, 국립공주박물관 소장

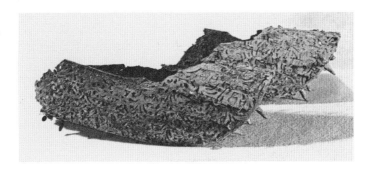

48. 뒤꽂이, 국보 159호, 무령왕릉 출토, 국립공주박물관 소장

5. 장신구

　백제 장신구는 귀고리, 목걸이, 팔찌 등이 있으며 반지류는 드물게 나타난다.

　백제의 귀고리에 대한 기록은 없으나 백제의 고지(古地)인 마한(馬韓)인들의 기록을 보면 『삼국지』에 "마한 사람들은 영주(瓔珠)를 재보(財寶)로 삼았고… 귀에 수식하였다"고 하여 귀고리의 풍속을 알 수 있다. 공주 무령왕릉 출토 금제 귀고리(그림49) 등에서 심엽형(心葉形: 나뭇잎형)의 수식이 달린 모습을 발견할 수 있다.

　목걸이는 쇄식(鎖式)의 옥류(玉類)를 연결한 쇄식 목걸이가 있다. 무령왕릉 출토품 쇄식 목걸이는 타 지역에서는 아직 그 발견 예가 없는 독특한 형태로서 왕비의 것으로 보인다. 칠절(七節) 목걸이는 금봉을 일곱 개, 구절(九節)은 아홉 개 연결한 것인데 마디마디 세환을 사이에 놓아 만들었다.(그림50)

　팔찌는 금·은·동제가 있는데 대개 원형이고 왕비의 왼쪽 팔목에서 발견된 순은제 팔찌(그림51)는 표면에 용문(龍文)이 조각되어 있다.

　반지는 출토품이 적은데 공주 금학리 고분 출토 금제 반지 한 개, 공주 우금리 고분 출토 은제 반지 여덟 개와 금제 반지 한 개, 그리고 담양 제월리 고분 출토 금동제 반지 한 쌍 등을 볼 수 있다.

49. 귀고리, 국보 156호, 무령왕릉 출토, 국립공주박물관 소장

50. 목걸이, 국보 158호, 무령왕릉 출토, 국립공주박물관 소장

51. 은제 팔찌, 국보 160호, 무령왕릉 출토, 국립공주박물관 소장

신라 복식

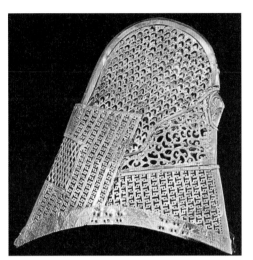

52. 금제 변형모, 천마총 출토, 국립경주박물관 소장

고신라는 B.C. 57년에 박혁거세(朴赫居世)를 왕으로 삼아 세워진 나라로, 진한 12국의 하나인 사로(斯盧)라는 부족국가를 모체로 하여 여러 부족과 가야국을 병합하여 개국하였다. 제24대 진흥왕 때에는 영토를 크게 확장하였고 제29대 무열왕, 제30대 문무왕대에 이르러서는 당과 합하여 삼국을 통일하게 되었다.

제28대 진덕여왕 3년에 김춘추가 당에 청하여 정월에 '시복중조의관(始服中朝衣冠)'을 하게 되어 우리 나라의 관복 제도는 중국의 것으로 바뀌었으며 이는 조선 말까지 이어졌다. 그후 법흥왕 7년(520)에 공복 제도를 정하였는데 그 내용은 1등급에서 5등급까지는 자색 옷[紫衣], 6등급에서 9등급까지는 붉은색 옷[赤衣], 10등급에서 11등급까지는 푸른색 옷[靑衣], 12등급에서 17등급까지는 황색 옷[黃衣]이었다. 통일신라 흥덕왕대에는 대대적인 복식 금제가 있었는데 이것은 복식 문화의 발달을 알려 주는 것이다. 고신라인들의 의복에 관해 『수서』와 『북사(北史)』 동이전 신라조에 "의복은 대개 고구려, 백제와 같은데 복색은 소(素)를 숭상한다"라고 기록되어 있다.

53. 변형모·관고, 경주 단석산 공양인물도

1. 관모

신라인의 머리 모양은 남자의 경우 고구려·백제와 같은 수계식(豎髻式: 상투), 쌍상투, 얹은머리, 쪽머리가 있었다. 『양서』 제이전과 『남사』 동이전 신라조에 관(冠)을 유자례(遺子禮)라 하였고 출토품으로 변형모, 조우관, 금관 등이 있다.

1) 변형모

신라의 상류층에서는 금, 은, 옥 등으로 만든 금속제 관모를 예복용으로 썼다. 일반인의 경우 단석산 공양인물도(그림53)에 나타나 있듯이 가죽으로 만든 삼각형의 변형모(弁形帽)를 많이 썼다. 황남동 98호 고분과 천마총에서 출토된 변형모 가운데 고구려 벽화에서 볼 수 있는 책(幘)이나 절풍(折風) 형태가 발견되어 이는 신라의 금관이 고구려의 변형모(그림52)에서 유래된 것임을 말해 주는 좋은 증거가 된다.

54. 금관, 1단 산자형 입식관, 경주 교동 고분 출토, 국립경주박물관 소장

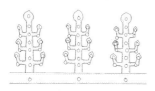

55. 금관, 3단 산자형 입식관, 호암미술관 소장

56. 금관, 국보 87호, 금관총 출토, 국립중앙박물관 소장

2) 금관

고신라의 금관은 띠 모양의 테두리 위에 나무나 초화를 간략하게 도안화한 산자형(山字形)의 장식을 겹쳐 올린 입식(立飾)을 세 개 세운 형태이다. 산자 겹침의 수에 따라 테두리 위에 1단의 산자형(그림54) 입식을 세운 것도 있고 3단의 산자형(그림55) 입식을 세운 것도 있다.

서봉총 금관과 금관총, 천마총, 금령총 금관 등은 산자식 입식을 3, 4단 세우고 뒤쪽에 사슴뿔 모양의 장식을 비스듬히 세웠다. 최고로 꼽히는 금관은 금관총에서 나온 것으로, 각 입식에는 300개의 비취, 57개의 곡옥(曲玉)이 금실로 달려 있어 국보로 지정되었다.(그림56)

2. 의복

『양서』제이전, 『남사』동이전 신라조에 신라에서는 유(襦)를 '위해(尉解)', 고(袴)를 '가반(柯半)'이라 불렀는데 이는 신라어의 표현이다.

1) 유(襦)

유를 위해라고 불렀는데 『당서(唐書)』동이전 신라조에는 "부녀자는 장유(長襦)를 착용한다"고 되어 있으며, 의복은 대개 고구려, 백제와 같다고 기록한 것으로 보아 고신라에서도 고구려 고분벽화에 보이는 형태의 장유(長襦)를 착용한 것으로 보인다.

57. 상·고, 토우 부부상, 경주 황남동 출토

2) 고(袴)

신라인들은 고를 가반(柯半)이라고 불렀다. 『당서』동이전 신라조에는 "남자는 갈고(葛袴)를 착용한다"고 기록하고 있으며 경주 황남동

출토 토우 부부상(그림57)의 남자는 세고(細袴)를 착용한 모습이고 이차돈 순교비와 경주 단석산 공양인물도(그림53)의 남자는 관고(寬袴)를 착용한 모습이다. 여기에 따르면 남자는 허리까지 이르는 저고리에 통이 넓은 바지를 입었는데 바짓부리는 묶었다. 또한 신라 사신 왕회도(王會圖, 그림58)에 보면 바지는 부리로 갈수록 통이 좁아지고 청녹색 선을 둘렀다.

3) 상(裳)

『삼국사기』 문무왕조에 나오는 금군(錦裙)을 주고 꿈을 샀다는 설화는 고신라에서 비단 치마가 착용되고 있었음을 나타내 주며 경주 황남동 출토 토우의 부인상(그림57)에도 넓은 세로 주름을 한 치마의 착용 모습이 보인다.

4) 포(袍)

『삼국유사(三國遺事)』에 법흥왕의 방포(方袍)에 관한 기록이 있어 삼국 모두 포를 착용하였음을 알 수 있는데 이와 같이 소매가 넓은 중국식의 포는 왕실 또는 귀족 상류층에 한해 착용되었을 것으로 보인다. 신라 사신의 포를 보면 그 형태가 고구려나 백제와 다를 바가 없었다.

58. 고(袴), 왕회도

3. 대(帶)

신라에서 대를 착용한 모습은 신라 사신의 포에 착용한 모습과 『삼국유사』 천사옥대조(天賜玉帶條)에 진평왕이 내린 옥대(玉帶)의 기록이 있다. 또한 과대(銙帶)류에는 금관총 출토 금제 투조 과대, 천마총 출토 금, 은제 과대, 식리총 출토 은제 과대 등이 있다. 그리고 『삼국사기』, 색복조(色服條)에 견(絹), 주(紬), 수(繡), 나(羅) 등으로 만든 요대(腰帶)에 금, 은 등을 장식한 것이 있다 했고, 또 같은 책 악조(樂條)에 도금과요대(鍍金銙腰帶)와 금루대(金縷帶)가 있다고 한 것으로 미루어 백제나 고구려에 비해 과대가 한층 발달되었던 것으로 보인다. 실제로 현재 국보 제88호 금관총의 과대는 요패가 17개나 달려 있는 세계적인 것이다.(그림59)

59. 과대 및 요패, 국보 88호, 경주 금관총 출토, 국립경주박물관 소장

4. 신

신라에서는 화를 세(洗)라 불렀는데 '선[sean], 신'의 표음을 나타낸 것이라고 한다. 신라의 신 또한 고구려와 마찬가지로 이(履)와 화(靴)가 함께 착용되었는데『삼국사기』에 마리(麻履)와 피사리(皮絲履), 계라리(罽羅履), 수라리(繡羅履), 세라리(繐羅履) 등이 보인다.

5. 장신구

신라의 장신구들은 그 종류와 양식의 다양성으로 보아 고구려나 백제에 비해 매우 발달했던 것으로 보인다.

귀고리는 귀에 닿는 부분의 고리 굵기에 따라 세환식(細環式, 그림60)과 태환식(太環式, 그림61)으로 대별할 수 있다. 태환식은 출토된 것이 많지 않으나 매우 정교한 누금 세공의 기술을 보여 준다.

60. 세환식 귀고리, 국립중앙박물관 소장

61. 태환식 귀고리, 국보 90호, 경주 보문동 부부총 출토, 국립중앙박물관 소장

목걸이의 양식은 먼저 착용 방법에 따라 나누면 목에만 거는 경식(頸飾)과 가슴까지 장식하는 경흉식(頸胸飾, 그림62), 가슴 부위만을 장식하는 흉식 등으로 나눌 수 있으며, 늘어지는 끝에 비취, 수정, 마노 등으로 만든 곡옥을 하나씩 단 것이 많다. 경주 노서동에서는 작은 금구슬로 연결하여 공옥(空玉)을 만들고 그 표면에 다섯 개씩의 심엽형 금판을 단 구슬을 여러 개 연결하고 끝에는 비취 곡옥을 단 화려한 목걸이가 출토되었다.(그림63) 또한 상감 유리옥 목걸이(그림64)는 환옥 속에 목걸이를 착용한 인물과 새가 상감되어 있다.

고신라의 유물 상태로 보아 팔찌는 남녀 공용으로 양팔에 착용하는 것이 보편적이었으며, 또 한번에 여러 개를 차기도 했던 것으로 보인다. 고분 출토품에 보이는 팔찌는 금, 은, 동, 옥제품이 있다.(그림65, 66)

고신라에서는 반지를 애용했던 것으로 보이는데 고분에서 출토된 반지는 금·은·옥제로 양손 모두에 끼었으며, 재료나 형태의 제한이 없었던 것으로 추측된다. 출토 유물에 경주 황남동 98호분 금반지가 있다.(그림67)

62. 경흥식 목걸이, 보물 619호, 경주 천마총 출토, 국립중앙박물관 소장

63. 금제 목걸이, 중앙 비취 곡옥, 보물 456호, 경주 노서동 출토, 국립중앙박물관 소장

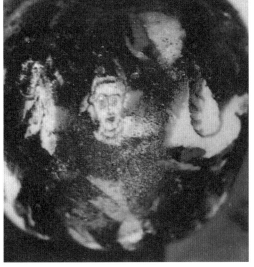

64. 상감 유리옥 목걸이와 환옥 부분, 보물 634호, 미추왕릉 출토, 국립중앙박물관 소장

65. 금제 팔찌, 경주 황남대총 북분 출토, 국립경주박물관 소장

66. 금제 용조각 팔찌, 경주 노서동 고분 출토, 국립중앙박물관 소장

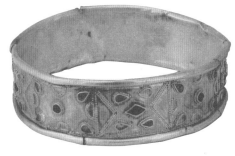

67. 반지, 경주 황남동 98호분 출토, 국립경주박물관 소장

제2장 가야 · 통일신라 · 발해의 복식

가야 복식

1. 농경문 청동기, 세부, 전 대전
출토, 국립중앙박물관 소장

가야는 삼한 가운데 1세기에서 4세기에 걸쳐 낙동강 하류 지방을 중심으로 활동한 변한을 모태로 하여 성립한 여러 세력 집단을 말한다. 그러나 삼한의 한(韓)이 가야 또는 가라로 불렸다는 견해도 있다. 또한 가야가 당시의 어떤 특정한 정치 집단을 의미하는 것이 아니라 넓은 의미에서 삼한 지역의 모두를 말하거나 백제나 신라에 병합되지 않고 남은 한 소국가를 통칭하는 것으로 보기도 한다.

가야의 고분에서 발견된 유물들을 보면, 가야의 공예 기술도 매우 발전하였음을 알 수 있다. 비산동의 한 무덤에서는 금동관이 2개 나왔고 다른 무덤에서는 머리에 쓰는 관과 허리띠, 신발과 마구류 등이 많이 나왔다. 또 가야 지역의 고분에서 마노, 수정, 유리, 옥 등으로 만든 구슬과 금속 귀고리도 많이 발견되었다. 이러한 장신구들을 통해 가야의 수공예 기술이 어느 정도의 수준이었던가는 충분히 짐작할 수 있다고 하겠다. 또 제철이나 제강 기술도 상당히 뛰어나 철로 만든 갑옷이나 무기 등에서도 가야인들의 기술을 충분히 엿볼 수 있다.

가야인의 모습은 농경문 청동기(그림1)에서 그 단편을 볼 수 있다. 여기에 두 사람의 모습이 보이는데, 위쪽에 있는 사람은 머리에 아주 긴 장식을 꽂고 있고 아래에 있는 사람은 머리에 아무런 장식이 없다. 위쪽 사람은 하반신이 매우 길어 당시의 전반적인 실루엣을 근거로 가야 지역에서 출토된 장신구와 갑옷류를 가감하여 가야의 복식 문화를 추정할 수 있으리라 본다.

1. 장신구

가야인들의 세공 기술이 상당 수준이었음은 잘 알려져 있다. 가야인들이 장식했던 장신구에는 목걸이, 귀고리, 팔찌, 반지, 대구 등이 있고 이들을 통해 가야의 문화 일부를 이해할 수 있다.

2. 목걸이, 고령 지산동 유구

3. 각종 목걸이, 부산·경남 지역 각 유구

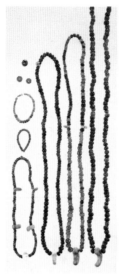
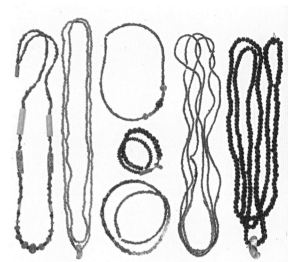

4. 금제 귀고리, 고령 지산동 유구

5. 금제 귀고리, 합천 옥전 수습

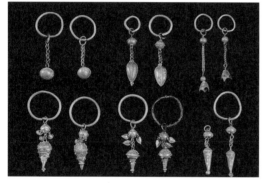

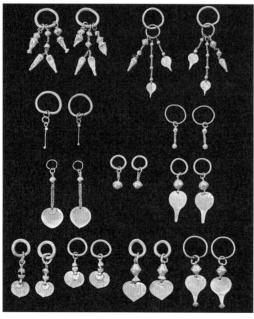

1) 목걸이

　다양한 길이의 목걸이는 유리나 수정, 혹은 마노 등을 구슬로 만들어 길게 이어 사용하였다. 또 중심에 곡옥(曲玉)을 달아 목에 걸었을 때 곡옥의 무게로 목걸이의 중심이 앞에서 고정될 수 있게 처리하였다.(그림 2) 또 곡옥을 목걸이 중간중간에 끼워 넣고 중앙에는 곡옥과는 다른 수정 등을 각지게 깎아 넣어 장식에 변화를 주기도 하였다. 또 서로 보색이 되는 붉은색의 마노와 초록빛의 옥을 원형과 원통형으로 각기 다듬어 이들 색이 조화되게 엇갈려 넣어 만든 목걸이도 볼 수 있다.(그림3) 혹은 크기가 약간 다른 원형으로 만들어 이들을 크기 순서로 연결하여 만들기도 하였다.

2) 귀고리

　가야인들이 즐겨 사용한 것으로 귀고리를 볼 수 있다. 귀고리는 그 다양함이 다른 어느 장신구 못지 않다. 재질도 목걸이와 마찬가지로 옥, 유리, 수정, 마노 등은 물론 금으로 만든 것도 많이 볼 수 있다.

　대체로 고리가 큰 태환식(太鐶式) 귀고리보다는 고리 부분이 가는 세환식(細鐶式) 귀고리가 많은데 세환 아래로 늘어뜨리는 수식(垂飾)이 오히려 세환에 비해 비중이 더 큰 것을 볼 수 있다.(그림4) 귀고리는 금으로 만든 가는 줄에 원형 장식 혹은 물방울 모양, 방울 모양 등을 단독 혹은 복합적으로 조합하여 늘어뜨려 움직임을 주었을 때 영락과 같이 작은 떨림을 가질 수 있게 만들었다. 이렇게 늘어뜨리는 장식 부분이 강화되면서 장식이 복합적으로 되어 드리워진 것이 많아지고 수식 부분에 점차 무게와 비중이 커져간 것으로 보인다.(그림5)

3) 팔찌

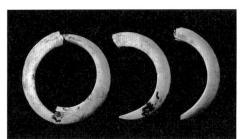

6. 돼지 이빨로 만든 팔찌, 김해 대성동 2호분 출토

팔찌는 많이 발견되지는 않았으나, 다른 장신구와 함께 그 종류가 다양했을 것으로 추정된다. 팔찌의 만듦새는 현대적인 감각을 느끼게 한다. 돼지 이빨로 만든 팔찌(그림6)가 있는데 이는 돼지 송곳니의 뾰족한 모양과 둥근 형태를 이용하여 한쪽 끝에 다른 한쪽 끝을 끼워 팔찌로 만든 것이다. 단순한 이빨이기는 하지만 그 자체의 특성을 그대로 살려 장식한 가야인의 합리적인 미의식을 볼 수 있다. 이러한 팔찌를 착용하는 풍속은 계속 이어져 금으로 만든 팔찌도 볼 수 있다.(그림7) 신라 지역에서도 발견되는 모양으로 팔찌 표면이 마름모형으로 처리되어 단순한 표면에 변화를 주었다.

7. 금제 팔찌, 양산 북정리 21호분 출토

4) 반지

가야의 반지(그림8)는 단순해 보이지만 현재 사용하여도 별다른 거부감이 없을 정도로 현재의 반지와 비슷한 모양을 갖고 있다. 가늘게 손가락 크기로 만든 것이 있는가 하면, 중앙에 장식 부분을 만들어 도드라지게 한 것 등이 있다.

8. 반지, 경산 조영동 E Ⅱ-2호분 출토

5) 대구(帶鉤)

대구는 혁대 등의 양끝을 고정시키기 위해 대 끝에 고정시키는 띠고리로, 동서 기마 민족 사이에서 널리 사용되던 물건이다. 우리 나라에서는 원삼국시대부터 남부 지방을 중심으로 호랑이 모양과 말 모양의 독특한 형식이 만들어져 널리 사용되었다. 김해에서 나온 것으로 청동으로 만든 호랑이 모양의 대구(그림9)는 가야의 독특했던 동물 모양의 대구를 보여 주는 것이다. 작은 귀와 꼬리를 감아 올린 모습이 맹수라기보다는 오히려 길들여진 느낌을 주지만 몸통에 그어진 빗줄로 보아 호랑이를 표현한 것으로 보인다. 가슴에 뾰족하게 나온 걸개를 반대쪽 고리에 걸어 사용하였다.

9. 금동제 호랑이 모양 대구, 김해 대성동 11호분 출토

2. 갑옷

가야 지역에서 출토된 갑옷은 종류가 매우 다양하여 당시 철을 다루는 기술이 얼마나 뛰어났던가를 한눈에 알 수 있게 한다. 또한 갑옷, 투구, 볼가리개, 견갑 등 다양한 갑옷을 통해 가야인들의 뛰어난 기술과 제작의 과학성도 알아볼 수 있다.

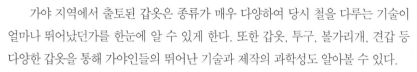

10. 횡장판정결판갑·충각부갑· 견갑, 고령 지산동 32호분 출토

갑옷은 가야인의 다양한 제작 기술을 보여 준다. 주로 철로 만들었는데, 마치 철을 옷감이나 가죽 자르듯이 잘라 못이나 혹은 용접 등으로 연결하여 만들었다. 못으로 이어 만든 갑옷(그림10)은 커다란 철판을 몸 크기로 만들어 몸판에 철판을 못으로 고정해 만들었고 여기에 머리에 쓰는 투구는 물론 어깨를 보호할 수 있는 어깨 갑옷도 첨부하였다. 또 여기에 장식이 더해져 갑옷을 보다 더 정교하게 만든 것(그림11)도 있다. 갑옷의 앞뒤에 부착한 회전 문양은 단순한 장식이 아니라 화살이나 창 등의 공격을 피할 수 있고 또 공격해 오는 무기의 힘을 반감시킬 수 있는 완충제 역할로서 그 의미가 더 큰 것들이었다. 갑옷이 더욱 발달하게 되어 갑옷은 볼가리개까지 있는 갑옷(그림12)이 나오는데 이는 고구려 고분벽화의 기마병 복식에서도 볼 수 있다.

이렇게 갑옷으로 사람만 무장한 것이 아니고 마갑(馬甲)으로 말까지 무장시켰는데 기마인물형 토기(그림13)에서는 가야인들의 완성된 갑옷을 식기 등에도 장식하여 사용하였음을 보여 준다.

11. 종장판정결판갑, 전 김해 퇴래리 출토

12. 횡장판정결판갑과 만곡종장판복발주 (볼가리개 포함), 합천 옥전 28호분

13. 기마인물형 토기, 출토지 미상

통일신라시대 복식

　　삼국을 통일한 통일신라의 복식은 전체적으로 신라의 복식 제도를 바탕으로 당시 관계가 깊던 중국의 당(唐)과 서로 영향을 주고 받으면서 발전하였다. 따라서 복식은 물론 생활 전반에서 중국과의 교역을 많이 찾아볼 수 있다. 특히 통일신라의 홍덕왕 때에는 외국과의 교역이 활발하여 생활 전반에서 수입 물품이 너무 사용되어지는 까닭에 홍덕왕은 "다른 나라의 것을 진기하게 여기고 우리의 것을 소중히 여기지 않는 풍조가 가득하다"고 하고 이를 고치려 하였다. 그래서 각 계급의 남녀별로 그 쓸 수 있는 것과 쓸 수 없는 것을 구분하여 상세하게 규정한 일이 있었다. 그 내용을 보면 통일신라의 의생활이 얼마나 다양한 재료를 이용하여 호화롭고도 아름답게 꾸몄었는지 짐작할 수 있다. 예를 들어 진골인 남성의 경우에는 복두를 쓰는데 어떠한 재료로 만들어도 가능하지만, 그보다 한 단계 아래인 6두품 남성의 경우에는 아주 고운 비단으로 만들 수 있었고, 평민 남성은 일반적인 실크나 포(布)로만 만들 수 있게 하는 등 세세하게 계급에 따라 사용할 수 있는 재질의 품질을 정하였다. 또 여성의 경우에도 이러한 규정이 정해져 진골 여성의 경우 슬슬전(瑟瑟鈿)이라고 하는 터키석을 박아 장식한 호화로운 관(冠)을 쓸 수 있지만 6두품 이하의 여성들은 고급 비단으로 만든 관을 쓸 수 있을 뿐이었다. 여기서 말하는 슬슬전은 실크로드 지역에서도 착용되던 고급 쓰개로 주로 왕비와 같은 최고 지위의 여성들만이 사용하던 재질이었다. 계급에 따라 재질이나 의복 종류도 제한이 되었지만, 그 규정에 나와 있는 다양한 공예 기술과 재질은 당시의 생활이 얼마나 풍요로왔으며 다양한 계층의 수요를 충족시킬 수 있을 만큼 기술적으로도 발전했던가를 짐작하게 한다.

　　통일신라시대의 복식과 장신구는 이런 기록물 외에도 황성동 석실 고분이나 용강동 석실 고분 등에서 나온 흙으로 빚은 인형[土偶]들을 통해 찾아볼 수 있다. 통일신라시대의 복식을 고분에서 나온 토우를 중심으로 남녀로 나누어 살펴보기로 한다.

I 남자 복식

남성상의 토우들을 크게 분류하면 복두를 쓰고 있는 귀족, 변형의 모자 갑(帢)을 쓰고 있는 일반인, 갑옷을 입은 군인으로 나누어 볼 수 있다.

1. 관리들의 복장

깃이 둥근 단령(團領)에 머리에는 복두(幞頭)라는 모자를 쓴 차림이 대개 통일신라시대의 관리 복장이다.

머리에 쓴 복두는 네 가닥의 끈이 달린 모자로, 산봉우리를 연상하는 모양을 하고 있다. 복두는 중국에서 관복과 함께 도입된 것으로, 그 시작은 중국의 북주(557년)였고, 육조 말기부터 일반화된 것으로 알려져 있다. 그 착용 방법은 네 가닥의 끈 중 두 개는 모자의 앞쪽 턱진 부분에서 묶고, 두 개는 뒤쪽에서 묶어 늘어뜨리는 것이 일반적이었다. 복두를 쓴 문관상(그림1)에서 보면 끈 2개가 앞쪽에서 매듭지어져 있고 뒤에서 두 가닥이 늘어져 있는 것을 볼 수 있다. 복두는 통일신라시대에 남성이면 누구나 착용할 수 있는 모자로, 신분에 따라 다양한 재료를 이용하여 만들었다. 그러나 그 재질을 아주 고급의 비단으로 만들어 사용하는 경우가 늘어감에 따라 834년 흥덕왕 때부터는 일반 비단이나 포로 제한하여 만들게 하기도 하였다.

1. 문관상, 높이 17cm, 경주 용강동 석실 고분 출토, 문화재연구소 보관

2. 남자상, 높이 16.5 · 20.5cm, 경주 용강동 석실 고분 출토, 문화재연구소 보관

단령은 통일신라의 관리복으로, 깃이 둥글게 만들어진 데서 연유된 이름이다. 곧은 깃의 직령(直領)이 끈을 이용하여 가슴에서 여며 입는데 반해, 단령은 길고 둥글게 만든 옷깃으로 목을 둥글게 감싼 후 매듭 단추로 오른쪽 어깨에서 여미어 입는 것이다. 중국의 당나라에서 도입된 것이기는 하지만, 당나라 역시 실크로드의 다른 지역에서 도입하여 관복으로 착용한 것이다. 새로운 형태의 의복이었기 때문에 남성은 물론 여성들도 입어 크게 유행이 되기도 하였다. 이 단령이 통일신라시대에 들어와 관리들의 관복으로 착용되었다. 관복은 옷단에 덧단을 댄 것이 특징이다. 그림에서 단령 아랫단 중간에 있는 가로선이 바로 덧댄 단이며, 이것은 란(襴)이라고도 하였다. 또 소매는 소매통이 비교적 넓고 풍성한 것이 특징이었다. 단령은 마치 상의와 하의로 나누어진 것 같아 보이지만, 허리에 대(帶)를 두르고 대 위로 옷을 빼내어 그렇게 보일 뿐 실제로 상 · 하로 나뉜 것은 아니다.

이 문관상은 손에 무엇을 들고 있는데, 이는 신라시대 진골과 6두품 남성들만이 관복 착용 때 손에 드는 홀(笏)이다. 홀을 들지 않은 관리들은 단순히 손을 나란히 잡고 있을 뿐이다.(그림2)

발에는 신코가 뭉툭하게 살짝 들어 올려 있는 고리(高履)나 육합화(六合靴)라고 하는 장화같이 생긴 신을 신고 있는 것으로 보인다.

또 통일신라시대의 남성 토우에서 수염을 기르고 있는 것을 많이 볼 수 있는데, 이것은 외국인을 표시했기보다는 성인 남성을 나타내는 표식으로 사용된 것으로 보인다. 수염을 기르는 습관은 고구려에서 제작된 벽화에서도 쉽게 볼 수 있는 것과 관련지어 볼 때 성인들만이 부릴 수 있었던 멋이 아니었을까 생각된다.

2. 일반 남성의 복장

관리들과 마찬가지로 둥근 깃의 단령을 입고 머리에는 복두나 변(弁)자 모양의 삼각뿔 모자를 쓰고 있다. 일반인의 경우는 복두보다는 변(弁)자 형태의 삼각뿔 모자를 많이 쓰고 있으며, 복두의 형태도 관리들의 복두와는 달리 비교적 간략한 형태를 갖고 있다.(그림3)

삼각뿔 모양의 모자는 삼한시대부터 사용되어 통일신라시대에도 계속 착용된 우리 나라 고유의 모자로, 갑(帢)이라고도 불렀다. 모자는 변(弁)이라는 글자 모양과 같이 뿔 모양으로, 모자에 달린 끈으로 턱 밑에서 고정시켜 착용하였다.

단령은 관리들의 단령과 마찬가지로 둥근 깃이지만 몇 가지 차이점이 있다. 예를 들어 옷길이가 종아리 중간 정도까지 오며, 옷단에 부착된 덧단의 표시도 없다.(그림4) 또 옆선에 트임이 있는 것이 관리들이 착용하는 단령과의 차이점이다.(그림5) 이 옆선이 있다는 것은 단령의 폭이 좁아도 활동하는 데 불편이 없도록

3. 복두를 쓴 남자상, 높이 18cm, 경주 황성동 석실 고분 출토, 국립경주박물관 소장

4-6. 병사상, 높이 14.0-15.1cm,
경주 용강동 석실 고분 출토, 문
화재연구소 보관

7, 8. 남자상, 높이 17.4cm,
14.5cm, 경주 용강동 석실 고분
출토, 문화재연구소 보관

배려한 것으로, 비교적 활동성이 많은 계층에서 실용적으로 착용할 수 있는 의복이라고 할 수 있다. 이외에도 소매를 보면 소매통이 비교적 좁고 손목까지 오는 정도의 길이로 경우에 따라서는 소매를 걷어 착용하기도 하였다.(그림6) 반대로 소매가 길어 손등을 덮는 경우도 있다.(그림7)

단령 안에는 바지를 입고 있는데, 지금의 일자 바지와 비슷하며 오히려 나팔처럼 살짝 벌어지는 형태이다. 또 바짓부리는 대님이나 끈 등으로 여미지 않았던 것으로 보인다.(그림8)

3. 군인 복장

무릎 길이정도의 겉옷에 바지를 입은 무인(그림9)으로 신발은 신목이 긴 장화를 신고 있다. 오른쪽 어깨에 두터운 것이 보이는데, 이는 갑옷을 표현한 것으로 보인다. 또 왼쪽 어깨에 팔뚝이 드러나 있는 것은 무사들이 손동작을 크게 하기 위해 종종 한쪽 팔을 드러내던 습관과 관계된 것으로 보인다. 또 양 옆선이 트여 활동하기 좋게 만들어졌다. 허리에는 매우 두터운 허리띠나 대(帶)를 한 것으로 보인다.

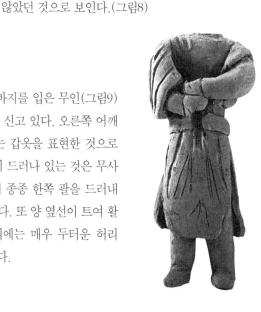

Ⅱ 여자 복식

통일신라의 여성복은 다양한 복장 형태를 볼 수 있는데, 그 기본은 상의와 하의이며, 여기에 '표(裱)'라고 하는 숄(shawl)과 겉옷인 표의(表衣)를 더해 입었다.

1. 표를 두른 여성

통일신라시대 여성복의 기본 형태는 단의(短衣), 표상(表裳)이라고 하는 상 · 하의이며, 여기에 표를 두르거나 표의를 입었다.

'표'는 지금의 숄과 같이 어깨 등에 걸쳐 입던 것이다. 표는 일반 여성들은 두를 수 없었지만, 4두품 여성까지는 사용할 수 있었다. 특히 왕비의 표는 금은사나 실크로드의 여러 지역에서 수입한 청호반새 깃털이나 공작새 깃털로 수놓아 장식할 정도로 호화로왔다.

통일신라 여성들의 상의로 입던 단의는 앞길의 모양을 분명하게 파악할 수는 없지만 소매의 크기나 형태로 신분을 달리 표현한 것으로 보인다. 예를 들어 표를 두른 여인상(그림10)은 옷 소매가 부리로 갈수록 넓어지고 풍성하다. 또 가슴은 네모지게 파인 형식을 하였고, 가슴에서 맨 허리띠는 길게 늘어뜨려 그 장식적인 효

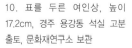

10. 표를 두른 여인상, 높이 17.2cm, 경주 용강동 석실 고분 출토, 문화재연구소 보관

11. 여인상, 높이 11.7cm, 경주 용강동 석실 고분 출토, 문화재연구소 보관

12. 슬슬전 빗, 호암미술관 소장
(김동현 기증)

과를 극대화하였다. 허리띠가 겉으로 드러나면서 통일신라시대 여성들은 그 어느 시대보다 허리띠 장식에 더 많은 정성을 기울였다.

표를 걸친 여성이 표를 걸치지 않은 여성과 비교하면 그 신분이 높다는 것을 알 수 있는데, 표를 걸치지 않은 여성의 경우는 상의의 소매통이 팔에 비교적 맞는 크기로 적당하게 만들어 입고 있다.(그림11)

머리 모양을 보면, 위로 모아 빗어 하나로 틀어 올렸는데, 이런 머리는 고계(高髻)의 일종으로, 머리를 높게 올리려면 올린 머리를 고정시키는 핀 종류가 다양했을 것으로 보인다. 머리를 핀으로 고정시키고 여기에 터키석으로 꾸민 슬슬전(瑟瑟鈿) 빗(그림12)을 꽂아 장식하여 그 아름다움을 더하고자 하였다.

2. 표의를 입은 여성

표의를 입은 여인상(그림13)에서 가장 겉에 입은 옷이 표의(表衣)다. 위아래가 하나로 연결된 원피스 형태로, 길이가 발등을 덮을 정도로 길고 풍성하다. 이런 겉옷은 가슴 아래에서 허리끈으로 고정시켜 입었다. 또 통일신라시대 여성들의 복식에서는 소매가 매우 길어 손을 가린 것이 많은데, 이는 당시의 여성들이 손끝을 내보이는 것을 조심하였기 때문인 것으로, 이러한 풍속은 고려시대에도 이어져 여성들이 손끝 보이는 것을 경계하여 한삼 등으로 가리기도 하였다.

머리는 앞중심에 가리마를 타고 뒤쪽으로 빗어 쪽머리같이 틀어 올렸는데, 이는 당시에 유행된 동심계(同心髻)의 일종이다.

또 표의의 아랫자락으로 발끝이 살짝 보여 신코가 어느 정도 있는 신발을 신은 것을 알 수 있다.

13. 표의를 입은 여인상, 높이 16.5cm, 경주 황성동 석실 고분 출토, 국립경주박물관 소장

발해 복식

발해는 대조영을 중심으로 고구려 유민들이 주체가 되어 말갈족과 함께 결합하여 698년에 건국되었다. 926년에 거란에 의해 멸망할 때까지 230년간 통일신라와 남북국의 형세를 이루면서 번영한 나라이다.

동모산(東牟山)에 처음 나라를 세운 이후 몇 차례 도읍을 옮겼지만, 상경(上京)을 가장 오랫동안 수도로 하였다. 발해의 영토는 상경을 중심으로 동쪽으로는 러시아 연해주와 서쪽으로 요동 반도, 북으로 송화강, 남으로 대동강과 용흥강을 잇는 정도였다. 따라서 발해는 전성시의 영토가 통일신라의 4배, 고구려의 2배에 이르는 거대한 국가였다.

발해는 10대 선왕(宣王)부터 13대 왕에 이르기까지 해동성국(海東盛國)의 전성기를 누렸다. 그러나 말기의 내외우환이 겹치자 거란의 침공으로 결국 멸망하였다. 발해 유민 중 일부는 부흥운동을 벌이기도 하였으나 멸망 직후부터 많은 유민들이 고려 왕조로 들어감으로서 이후 고려 사회의 문화 발전에 많은 영향을 주었다.

발해 관리들의 복장은 지위에 따라 달랐고 방한용으로 담비나 표범 가죽으로 만든 갖옷을 입었다. 발해의 담비 가죽은 수출품으로도 유명하였고 용주의 면포와 옥주의 면, 현주의 포 등 직물도 유명하였다.

남녀 복식에 관하여는 정효공주 묘의 벽화에서 많은 자료를 찾아볼 수 있는데 이를 중심으로 발해 복식을 살펴보겠다.

I 남자 복식

남성들의 복식은 대개 단령에 복두나 수파(首帕)를 하였다. 단령의 형태는 둥근 깃에 길이가 매우 긴 겉옷으로 관리는 물론 일반인들도 착용할 수 있었다. 관리들이 착용하는 경우에는 계급에 따라 자색, 짙은색, 연한 붉은색, 녹색으로 옷 색을 다르게 정하였다.

단령의 길이는 매우 길어 발등을 충분히 덮을 뿐 아니라 지면에 거의 닿을 정도로 길었다.(그림1) 또 양옆이 트여 있는데 그 트임은 허벅지정도까지 트여 안에 입은 바지 등의 옷 색을 볼 수 있다.(그림2) 또 통일신라와는 달리 아랫단에 덧댄 단 장식인 란(襴)의 흔적을 볼 수 없어 통일신라와는 다른 형태의 단령이라고 하겠다. 반면 소매는 매우 길어서 손을 덮고도 남으며 소매통도 매우 풍성하다.(그림3)

1   2   3   4

1-8. 정효공주 무덤벽화, 중국 길
림성 돈화현 육정산
1. 무사
2. 내시
3. 내시
4. 무사
5. 악사
6. 악사
7. 시위
8. 시종

단령 외에도 반비(半臂)를 입고 있는 사람도 있는데, 반소매 끝에는 옷의 색과
는 다른 색으로 장식적인 주름선을 댄 것으로 보인다.(그림4) 장식적인 주름선은
한 층이 아니라 두 층으로 되어 움직일 때마다 운동감이나 리듬감을 강조한 복장으
로도 볼 수 있다. 소매가 상박 중간까지 오는 특성 외에는 단령과 마찬가지로 옷의
길이가 길다.

단령이나 반비를 착용할 때 모두 허리에 과구(銙釦) 장식이 있는 가죽띠를 찼
는데, 허리에 꼭 끼이게 찬 것이 아니라 약간 헐렁하게 찼다.

머리에 쓰고 있는 복두는 산 모양의 모정이 부드럽게 앞으로 기울어진 모습이
며, 복두를 4개의 끈으로 고정하여, 2개는 앞쪽에서 묶었고 2개는 뒤쪽에 늘어뜨
렸다. 그 묶는 방법도 매우 다양하여 복두 앞쪽의 턱진 부분에 묶인 모습이 어떤 것
은 섬세하게 장식적으로 묶었고(그림5), 어떤 것은 다소 거칠게 묶었다.(그림6) 이
것으로 복두의 끈을 묶는 방법에 어떤 규칙성이 있었다기보다는 각자 개인의 취향
이 반영되어 묶은 것임을 알 수 있다. 또 복두 뒤에는 늘어뜨린 끈이 단순한 끈 모
양이 아니라 긴 물방울 모양으로 길게 드리워 장식하고 있다. 이렇게 복두 뒤쪽의
끈 2개가 늘어져 있는 것은 통일신라의 복두와 다른 점이다.

또 말액(抹額)으로 머리를 둘렀는데, 특히 붉은색 천으로 감아 그 끝을 앞머리
에서 장식적으로 매듭지어 올린 것이 뒤쪽의 검은색과 대비되어 강렬하면서도 호
화로운 효과를 주며 근엄하고도 활달한 느낌을 준다.(그림7)

5   6   7   8

또 다른 형태의 모자로 원뿔형 모자가 있는데, 통일신라의 변자형 모자보다 훨씬 둥글고 투박한 재질로 만든 것으로, 호모(胡帽)의 일종이다.(그림8)

같은 벽화에서 이렇게 다양한 모자를 볼 수 있는 것은 발해 복식의 풍부한 일면을 보는 것으로 신분과 관계된 복식 체제 외에도 같은 신분 내에서도 복식이 다양했음을 보여 주는 단면의 하나라고 할 수 있다.

남성들은 검은색 가죽신과 삼신을 신고 있는데 모두 신코가 도드라져 있지 않다. 이들이 신고 있는 것은 『발해국지장편』 기록에 있는 발해 사람들이 잘 만들던 신목이 긴 가죽신이 아닐까 한다. 현석 6년(878) 일본을 방문한 발해 사신 양중원(楊中遠)이 암모화(暗摸靴)를 선물로 주었고, 말대왕 19년(925) 발해 사신 배구(裵璆)가 신목이 긴 가죽신을 후당에 공물로 바치기도 하였다. 이 암모화라고 하는 신발은 밤 행군에 알맞아 암모(暗摸)라 하였다고 하는데, 이들 남성들이 신고 있는 신발이 신코가 올라 오지 않은 것으로 미루어 암모화일 것으로 보인다.

II 여자 복식

여성복을 볼 수 있는 발해의 유물은 매우 적지만 연해주 출토의 청동 인물상 (그림9)에서 당시 여성복의 일말을 엿볼 수 있다.

우선 입고 있는 의복을 보면, 그 길이가 지면까지 오고 소매가 넓은 포(袍)를 입었고 그 위에 반소매 끝에 장식선이 달린 반비(半臂)를 입었다. 또 반비 위에는 여의(如意) 모양의 구름 형태로 된 어깨를 덮는 운견(雲肩)을 걸쳤다. 운견은 재단 이나 문양이 정교하게 장식된 여성용 복장으로, 보온의 효과를 위해 입기도 했지 만 점차 장식성이 강해졌다. 또 가슴 아래에서 끈을 묶고 그 끝을 길게 아래로 늘 어뜨렸다.

머리는 앞에서 보면 쌍상투 모양을 하고 있는데, 뒷모습을 보면(그림10) 뒷가 리마를 하여 둘로 나눈 뒤 다시 이를 상하로 이등분하여 한쪽은 위로 모아 머리 위 에 틀고 아래쪽은 길게 빗어 내린 후 땋아 마치 새앙머리처럼 귀 뒤에서 고정시켰 다. 쌍상투와 같은 머리 모양은 미성년자들이 하는 것이었으나, 발해에서는 쌍상 투 형식을 빌린 머리 모양을 성인 여성들도 즐겨 한 것으로 보인다. 머리카락을 헤 어볼 수 있을 만큼 섬세하게 빗질한 것이 표현되어 있어 발해 때 이미 머리 모양을 고정하기 위해 기름 등과 같은 전용 화장품이 있었을 것으로 보인다. 또 이런 머리 를 고정하기 위해 머리핀 종류도 상당히 발전했을 것이라 짐작된다.

III 장신구

발해의 장신구는 다른 시대와는 다른 독특함과 고도의 세공 기술 수준을 느낄 수 있는 것들이 많다. 그 몇 가지를 살펴보면 발해 복식의 독특함을 엿볼 수 있다.

먼저 남성들이 허리에 차던 대가 있는데, 일반적으로는 가죽 등으로 만들어 찼 으나, 왕 등의 특수 계층에서는 금제 허리띠를 했다. 여기에 금을 아주 작은 원형으 로 만들어 붙이고 터키석과 수정을 금판에 물려 장식하여 매우 호화롭게 만들어 사

9, 10. 청동제 인물상, 앞뒤, 연해 주 출토

11. 금제 허리띠, 길림성 화룡현 하남둔 출토. 바닥에 작은 금 알 갱이를 붙여 장식했고 상감 기법 을 이용하여 마디 홈에 수정과 터 키석을 박아 넣었다.

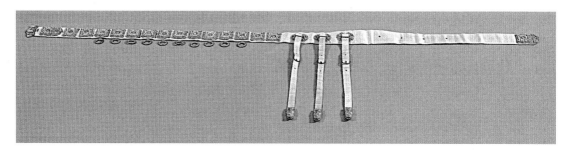

용한 것을 볼 수 있다.(그림11)

금으로 만든 것으로 귀고리가 있는데(그림12), 흔히 태환식 귀고리라고 부르는 것으로, 장식 부분이 굵은 원형으로 만들어졌다. 또 장식으로 쓰여진 정교한 문양의 장식판들(그림13)이 있어 발해의 세공 기술이 얼마나 발달하였는가를 간접적으로 보여 주고 있다. 목걸이도 사용하였는데 수정과 마노뿐 아니라 유리를 구슬로 만들어 목걸이를 만들기도 하였다.(그림14)

머리에 장식하던 핀도 있다.(그림 15) 핀은 U자 모양으로 되었고 핀 머리에는 꽃봉오리 모양이 장식되어 있으며 벌어진 부분으로 머리에 꽂아 장식한 것이다. 머리핀 외에도 귀이개(그림16) 장식이 있는데, 한끝은 귀이개, 다른 한끝은 족집게로 되어 두 가지 기능을 겸비한 것임을 알 수 있다. 또 중간에 둥근 구멍이 있는 것으로 보아 이 구멍으로 끈을 엮어 패용했을 가능성도 없지 않다.

12, 13. 귀고리, 흑룡강성 영안현 발해진 홍준어장 고분군 출토

14. 목걸이, 흑룡강성 영안현 발해진 홍준어장 고분군 출토

15. 뒤꽂이, 흑룡강성 영안현 발해진 홍준어장 고분군 출토. 연꽃 봉오리가 솟아 오르는 모양을 형상화하였다.

16. 귀이개, 흑룡강성 영안현 발해진 홍준어장 고분군 출토. 은제품이나 녹이 슬어 검게 보인다.

제3장 고려시대 복식

고려의 건국 정신은 고구려의 부흥이었다. 때문에 고구려 땅을 찾기 위하여 북진 정책을 세우고 북방 민족인 거란족, 여진족, 몽고족, 한(漢)족과 계속 투쟁을 하였다. 고려는 조선처럼 폐쇄적인 국가는 아니어서 해외 여러 나라와의 교류를 활발히 하였고 외국 상인들의 출입을 허용하였으며 외국인들의 귀화도 받아들여 고려 문화는 다채로왔다.

태조는 불교를 종교로 숭상하는 동시에 유교에서 나라를 다스리는 길을 찾았으므로 전국에 사찰이 많았고 왕가에서도 출가하여 승려가 되었는데, 대각국사 의천은 문종의 아들이었다. 유학을 중심으로 한 과거 제도가 제4대 광종 때에 시작되어 유학을 공부한다는 것은 곧 출세의 길이었으며 원나라에서 주자학이 들어와 이제현, 이색, 정몽주, 이숭인, 정도전, 길재 등 뛰어난 학자들이 배출되었다.

고려 복식을 알 수 있는 유물이나 눈으로 볼 수 있는 자료는 매우 적어『고려도경』,『고려사』등의 기록을 참고할 수밖에 없다.『고려사』여복지 서문에서 고려 복식의 개관을 살펴보면 다음과 같다.

고려 태조는 개국 초에 일이 많았고 초창기이기 때문에 신라의 구제도를 그대로 사용하였다. 제4대 광종 11년(960) 백관의 사색공복(四色公服)을 정한 후 존비 상하의 구별이 뚜렷해졌다. 8대 현종 때(1009-1031) 요나라의 침입으로 문서가 흩어져서 제도나 시행 방법을 잘 알 수 없다가 18대 의종 때(1140-1170) 최윤의가『상정고금례』를 만들어서 제도가 갖추어졌다.

23대 고종 18년(1231) 원(元)의 부마국이 된 이후로 머리 모양도 바꾸고 원의 복식을 따르던 기간이 100년이나 지속되었다.

고려 말 공민왕이 명(明) 태조에게 면복을 사여 받은 후 왕비와 신하의 옷도 받게 되어 이후 복제가 명과 같아지게 되었다.

Ⅰ 남자 복식

1. 왕복

고려시대 왕복은 제복(祭服), 조복(朝服), 공복(公服), 상복(常服), 평상복으로 구별되었다.

제복은 면류관과 현의로 구성되며 하늘·땅·조상·농신에 제사할 때 착용한다. 조복은 왕이 백관과 사민(士民)을 접견할 때 착용한다. 상복은 왕의 사무복이다. 담황색의 소매통이 좁은 포를 입었으며 자색라(紫色羅)로 한 늑건(勒巾)을 띠었다. 평상복은 서민과 똑같이 백저포(白紵袍)를 입었는데 남녀상하가 모두 입었던 옷이다. 공복은 왕이 사신을 접견할 때 착용하던 복장이다. 자색 공복(紫色公服)에 옥대(玉帶)를 띠고 상홀(象笏)을 들었다. 공민왕 상(그림1)을 보면 복두를 쓰고 둥근 깃에 소매가 넓으며 옷깃과 수구에는 이색 선이 둘러져 있고 홀을 들고 있는데 이는 강민첨 상(그림3)과 같다.

1. 전 공민왕·왕비 초상, 복두·대수포·홀

2. 조복(양관·대수 단령·홀), 수락암동 1호분 십이지신상

2. 백관복

고려 시대 백관복에는 제복, 조복, 공복, 상복이 있었다.

1) 제복

의종조 상정 백관 제복은 계급에 따라 칠류면(七旒冕)·칠장복(七章服), 오류면(五旒冕)·오장복(五章服), 삼류면(三旒冕)·삼장복(三章服), 삼류면(三旒冕)·일장복(一章服), 평면(平冕)·무장복(無章服)이 있었다.

2) 조복

송의 제도를 인용한 것으로 조선시대와 유사하다.(그림2)

3. 강민첨 영정, 보물 589호, 견
본채색, 강영선 씨 소장

3) 공복

고려의 공복은 제4대 광종(光宗) 11년(960)에 제정되었다. 원윤(元尹) 이상은 자삼(紫衫)이고 중단경(中壇卿) 이상은 단삼(丹衫), 도항경(都航卿) 이상은 비삼(緋衫), 소주부(小主簿) 이상은 녹삼(綠衫)으로 사색공복 제도였고 후주(後周)의 공복 제도였다.

강민첨(963-1021) 상의 공복(그림3)은 흑색 복두를 썼는데 각이 옆으로 뻗친 평각이며 끈이 달려 있어 턱 밑에서 매고 있다. 옷깃은 분홍색 곡령(曲領)이고 길은 짙은 고동색이지만 자색(紫色)이 변한 듯하다. 수구에는 옷깃과 같은 색인 분홍색 선(襈)을 대었다. 손에는 홀을 들었다. 또한 공민왕 상(그림1)도 수구와 옷깃에 이색선을 두른 공복을 입고 있다. 그러나 송의 제도를 본딴 의종조 상정 공복 제도는 옷깃과 수구에 선이 없는 것이다.(그림4) 4품 이상 자색·홍정·금어·상홀, 6품 이상 비색·홍정·은어·상홀, 9품 이상 녹색·목홀 두 가지 형태가 병용되었다.

4) 상복(단령)

둥근 옷깃 때문에 단령(團領), 원령(圓領)이라고도 한다. 고려 우왕 13년(1387) 6월에 명의 관복 제도를 따라 관복을 다시 정했는데 1~9품까지 사모·단령이고 대(帶)로 품계의 상하를 구별하였다.

이색 상(그림5)은 사모를 쓰고 단령을 입고 대를 매며 화를 신었다. 단령과 사모의 모양은 중국과 같았다.

4. 공복, 지장시왕도, 조복을 입고 있는 상단의 인물들과 공복을 입고 있는 하단의 인물들

5. 이색 영정, 견본채색, 충남 예산군 누산영당 소장

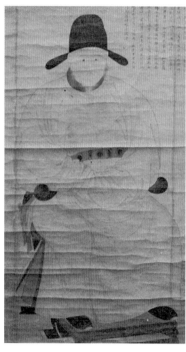

6. 이포 영정, 견본채색, 성산사 소장

3. 일상복

1) 직령

　직령은 고려 우왕(禑王) 13년(1387) 6월에 명나라 제도에 의해 단행한 관복 개정시 하류 계급이 착용하도록 규정되었다.

　그러나 고려말 대제학을 지낸 이조년(1269-1343)의 아들 이포(그림6) 영정에서는 직령을 착용한 것으로 보아 당시 이미 입혀지고 있었다. 머리에 발립을 쓰고 홍색 직령에 사대(絲帶)를 띠고 화를 신었다. 직령은 조선에 전해져 말기까지 계속 착용되었다.

2) 심의

　심의는 주자학과 함께 원에서 들어온 유학자들의 법복이다. 조선에 전해져서 말기까지 유학자들이 입었다.(그림7)

7. 이제현 영정, 심의 · 건

8. 고려 사람, 철릭 입은 모습, 삼
재도회 출전

3) 철릭

철릭은 고려시대 원에서 들어왔
다. 고려 가사 중 정석가에 "무쇠로 철
릭을 마라나난"이라는 구절은 싸움에
나가는 남편을 위해 철릭을 쇠로 마름
질하고 철사로 바느질한다는 뜻이다.
철릭은 의와 상(치마)을 따로 재단하
여 봉재된 옷으로 곧은 깃이다. 중국의
백과사전인 『삼재도회』에 철릭을 입고
있는 고려인을 소개한 것(그림8)에서
도 볼 수 있듯이 서민들이 많이 입던
옷이다. 여름에는 모시로 만들어 입었
다. 철릭의 허리 부분에 선을 넣어 장
식한 것을 요선철릭(그림9)이라고 한
다.

4) 답호

답호는 옆트임이 있는 반소매 포로 원나라에서 들어온 것이다. 답호는 징기스
칸과 함께 몽고인들이 긴 소매 포 위에 착용한 옷으로 원대(元代) 유물도 있다.

고려시대 답호 유물은 문수사(文殊寺)의 답호(1346년, 그림10)와 해인사 답호
(1350-1362년)가 있다.

9. 요선 철릭

10. 답호, 1346년, 수덕사
성보박물관 소장

11. 남자 두루마기, 방배동 출토 목우상

5) 두루마기

삼국시대 기본 포가 서민들에게 계속 입혀져 두루마기가 되었다. 목우상을 통해 긴 두루마기를 입고 끈을 맨 것을 볼 수 있다.(그림11)

4. 승려복

고려는 불교 국가였으므로 승려 계급이 높았다. 대각국사 의천(도12)은 문종의 아들이었다. 승려복의 종류는 다양했으며 비단을 사용하기도 하였다. 반면 조선에서는 승려의 계급이 매우 낮았다. 사명대사(그림17)는 임란 때 많은 공을 쌓은 스님으로 승복은 고려의 승복과 비슷하다.

12. 대각국사 영정, 선암사 소장

13. 사명대사 영정, 표충사 소장

5. 군복, 갑주

갑주(甲冑)란 싸움터에서 적의 화살이나 창검으로부터 몸을 보호하기 위해 착용하던 호신구로 짐승 가죽, 철제, 동제, 목제 등으로 만들어 쓰다가 화약 병기를 쓰면서 지휘관복이나 의식용복으로 쓰게 된다.

고려의 군복과 갑옷에 관한 기록은 『고려사』에 많으나 유물의 부족으로 잘 알 수 없다. 갑주 양식은 고려 초기에는 통일신라의 갑주와 같았던 것으로 보인다. 13세기 이후 화약 무기의 발달로 민첩한 행동을 하기에 불편한 철제 갑옷은 쇠퇴하고 포형(袍形) 갑옷인 두정철갑이나 두정피갑, 경번갑, 면갑으로 되었다. 이 포형 갑옷은 우리의 독자적인 갑옷 양식으로 조선시대까지 이어져 한국의 전형적인 갑옷 양식으로 정착되었다.

조선시대에는 고려시대에 형성된 포형 갑옷인 두석린 갑옷(그림14)과 키를 크게 보이게 하는 기마 민족의 전형적인 원추형의 투구(그림15)가 정착된다. 갑옷의 색은 홍색이 주로 사용되고 청색, 황색도 있다.

조선 중기 총포의 사용으로 위용을 주었던 두정갑(그림16)은 전투복의 기능을 상실하면서 가볍고 활동적인 철릭으로 대신하다가 구군복, 전복을 착용하게 되는데 주로 장교의 전투복이나 예복으로 착용되었다. 병졸들은 호의를 5방색에 따라 적, 황, 흑, 백색으로 달리하여 저고리와 바지 위에 착용하였다. 1895년 칙령 78호의 육군복장규칙이 반포되면서 서구식 군복을 입게 되었다.

14. 두석린 갑, 조선 18세기, 국립 경주박물관 소장

15. 투구, 조선시대, 고려대학교 박물관 소장

16. 두정갑, 조선시대, 길이 106cm, 화장 6.6cm, 품 69cm, 국립민속박물관 소장

II 여자 복식

17. 왕비와 시녀, 관경서분변상도,
일본 西福寺 소장

1. 왕비복

왕비복은 색이 홍색이며 그림을 그리고 수를 놓았고 서민은 하지 못했다는 『고려도경』의 기록에 의거하여 불화(그림17)의 그림을 왕비복으로 추정하였다. 왕비복은 고려 말 명에게서 공민왕비의 적의를 받았다. 공민왕의 비(그림1)는 머리에 관을 쓰고 소매가 넓은 포를 입었는데 이는 중국 송나라 왕비복이다.

2. 귀부녀 예복

1302년에 조성된 아미타불 속에 저장되어 있던 여러 가지 물품 중에 자의(자색 포), 중의, 상의 세 점이 나와 온양민속박물관에 소장되어 있다.(그림18) 자의는 곧은 깃에 앞길이가 뒷길이보다 짧은 예복이다. 상의와 치마를 입은 위에 중의를 입고 자의를 맨 위에 입었다.

18-1. 자의 복원품

18. 중의와 자의, 온양민속박물관 소장

19. 상류층 평상복, 수월관음도 중 팔부중 공양 장면, 일본 大德寺 소장

3. 귀부녀복

    귀부녀는 황색 치마를 높이 치켜 입었다는 기록으로 보아 그림17의 시녀와 같이 저고리 위에 치마를 입고 등에 숄을 둘렀다고 본다.

    고려시대 불화인 수월관음도(그림19)에 귀부녀가 그려져 있는데 붉은 치마 저고리를 입었다. 붉은 치마에는 꽃무늬가 있으며 저고리는 길이가 길며 옆이 트여져 있다. 머리는 뒷통수 쪽에 크게 올려서 붉은 끈을 맸으며 흰색 진주 같은 것을 머리 전체에 장식했다.

20. 여자 치마 저고리, 방배동 출토 목우상

4. 서민복

    서민들은 삼국시대 기본 복식인 상(裳)과 유(襦)를 계속 입어 치마 저고리가 되었다. 치마 저고리란 명칭은 고려 말에 생긴 용어이다.(그림 20)

제4장 조선시대 복식

조선시대의 통치 철학 및 이념은 유교 사상이었다. 왕은 인(仁)으로 보위를 지키고 예(禮)로써 백성을 다스리기 위해 오례(五禮)를 제정하였다. 예는 곧 법이었고 인간 생활의 규범이었다.

국가의 예식을 규정한 『국조오례의』 등의 예전과 『경국대전』 등의 법전은 일종의 기본법적인 성격을 띤 것으로 조선시대 모든 분야에 큰 영향을 끼쳤다. 『국조오례의』에서는 오례의 의식 절차만을 자세히 설명하였으므로 실제의 시행에 필요한 참고 사항은 오례의 순서대로 다섯 항목에 걸쳐 설명하고 그림과 설명을 붙여 『국조오례의 서례』(성종5)를 완성하였다. 이후 역대 왕은 『경국대전』과 『국조오례의』를 따랐으며 신분 복식의 질서와 명분을 유지하기 위해 계속해서 복식 금제(服飾禁制)를 내렸다. 이는 신분과 계급에 따라 옷감[사(紗)·라(羅)·능(綾)·단(緞)·기(綺)·초피(貂皮)]의 사용 금지 및 승수(升數) 제한, 무늬 제한, 특정 복식의 착용 제한, 색의 사용 금지 등과 관련된 것이었다.

『국조오례의』에 따라 국가 의식을 시행하는 동안 시대에 따라 개정 또는 폐지할 점이 많아졌다. 1744년(영조20)에는 왕명으로 『국조오례의』를 수정·보완하여 『국소속오례의』와, 그림과 설명을 붙인 『국소속오례의보』(영조27)를 편찬하였다. 여기에서는 왕세손 관복과 왕비, 빈궁복의 제도 등을 보완하였다.

임진·병자 양란으로 왕 이하 관리의 각종 관복이 없어진 이후 공복만 복구되지 못하였으며 이는 상복(常服)인 흑단령으로 대신하도록 해서 관복 제도가 간편해졌다. 그후 더욱 수정 보완하여 『대전통편』(정조10)과 『대전회통』(고종2)이 편찬되었다. 1884년(고종21)부터 관복이 간소해지고 관리와 국민이 같은 색, 같은 모양의 두루마기를 입더니 1900년에는 양복을 관복으로 입었다. 고종이 1897년 황제에 오른 후 『대한예전』이 편찬되었다.

조선시대에는 태어날 때부터 신분, 지위, 빈부 귀천이 이미 결정된다는 유교 사상에 의해 사회의 신분 제도는 엄격히 구분되었다. 법전과 예전에서는 왕에서 중인까지의 신분 계급과 의식에 따라 자세하고 치밀하게 복식을 정했으나 서민에 관한 규정은 없었다. 신분 제도는 초기의 양반과 천민의 개념에서 중후기 이후 실학 사상과 과학 사상의 영향으로 신분이 세분화되어 계층 구조에도 변화가 왔다. 신분 변화는 전체적으로 중간층으로의 상향 이동이 특징이다. 이것은 새로운 사회 세력의 성장을 의미하며, 이러한 신분 변화는 임진·병자 양란 이후에 시작되어 영조 이후에 빠르게 전개되어 중인 계급이 관리의 시복(時服) 색인 홍색을 사용하는 등 상향성이 복식에 나타났다.

서민의 복식도 임진·병자 양란 이후 큰 변화를 겪었고 중후기(영조·정조 이후)에 또다시 변화되었다. 숙종시대 여자 저고리가 짧아지기 시작하다가 중후기에는 저고리가 더욱 짧고 작아졌으며 치마도 다양하고 맵시 있게 입어 양감 있는 항아리 모양이 되었다. 또한 내외법이 강화되어 반드시 쓰개치마와 장옷을 썼다. 남자들의 겉옷(포)도 다양해졌으며 소매 넓이로 신분의 상하를 엄격히 구별하였다.

I 남자 복식

1. 왕복과 왕세자복

왕복과 왕세자복에는 면복, 조복, 상복, 융복, 군복이 있고 집에서 입는 편복(便服: 평상복)이 있다.

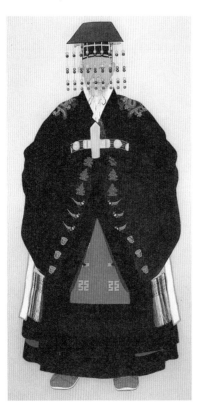

1. 9류면 9장복, 권오창 그림

1) 면복(冕服) - 9장복

면복은 왕이 종묘와 사직〔토신(土神)과 곡신(穀神)〕에 제사지낼 때나 초하루, 동지, 조회(朝會), 수책(受冊), 왕비를 맞을 때 등에 입던 법복(法服)이다.(그림1) 머리에 면류관을 쓰고 현의(玄衣), 상(裳), 중단, 폐슬, 혁대, 패옥, 대대, 수, 적말, 적석, 규로 이루어진다(그림2). 고종이 황제가 된 후에는 명(明) 황제와 같이 12장복(十二章服)을 착용하였다.

차림새는 먼저 바지, 저고리를 입고 버선 위에 중단을 입은 다음 상을 입으며 위에 현의를 입는다. 현의 위에 후수가 달린 대대를 띠고 앞쪽에는 폐슬을 찬 후 양옆에 두 개의 패옥을 늘인다. 옥대를 띠고 면류관을 쓰고 규를 든 다음 신을 신는다. 면복에 방심곡령을 하면 제복(祭服)이 된다.

면복의 장문(章紋)은 왕이 갖추어야 할 덕목을 나타내는 것으로 매우 큰 의미를 지닌다. 황제는 12장문으로 일·월·성진·산·용·화·화충·종이·조·분미·보·불문이며 왕은 12장문(그림4)에서 일·월·성진을 제외한 9장문이다.

왕과 왕세자, 왕세손의 차이점은 ① 면류관의 면류가 왕은 9류

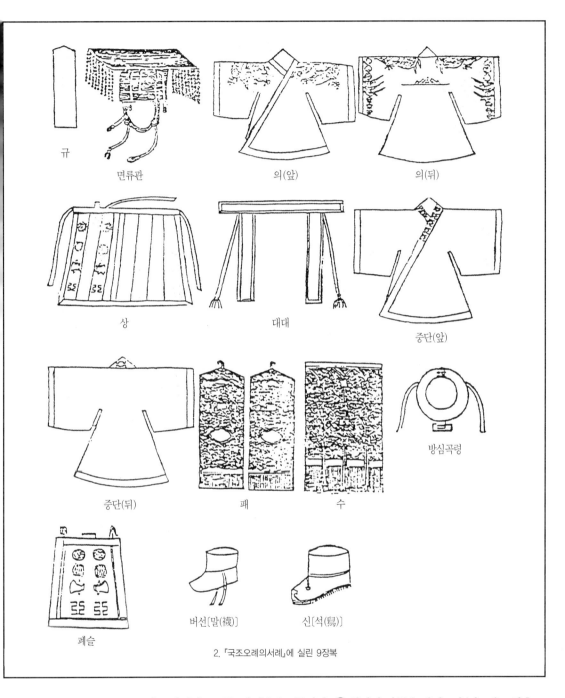

규

면류관

의(앞)

의(뒤)

상

대대

중단(앞)

중단(뒤)

패

수

방심곡령

폐슬

버선[말(襪)]

신[석(舃)]

2. 『국조오례의서례』에 실린 9장복

이고 왕세자는 8류, 왕세손은 7류이다. ② 현의의 장문은 왕이 9장(산·용·화충·종이·조·분미·화·보·불), 왕세자는 7장(산과 용 제외), 왕세손은 5장(산·용·화충·화 제외)이다.

3. 12류면 12장복을 입은 순종 황제 어진, 권오창 그림

2) 면복 - 12장복

순종이 입은 제복(祭服)으로 고종이 돌아가셨을 때 착용했다.(그림3) 고종이 황제에 오른 후 면복을 명(明)과 같은 12류면 12장복으로 정했다. 면류관, 현의, 상, 중단, 폐슬, 혁대, 패옥, 대대, 수, 말, 석, 규, 방심곡령을 착용하여 제복을 갖춘다. 현의는 검은색이고 6장(六章: 어깨에 일·월, 등에 성신·산, 양소매에는 용·화충)을 그려 넣으며, 길이는 상(裳)의 문장(文章)을 덮지 않게 했다. 상에 6장(화·종이·조·분미·보·불)을 수놓았고 중단의 깃에 불문 13개를 금박하였다.

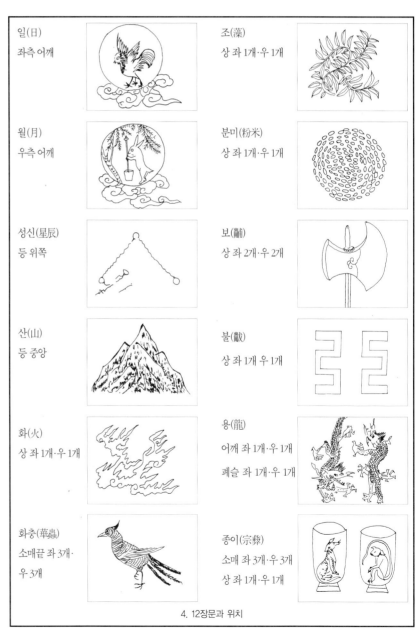

4. 12장문과 위치

3) 조복(朝服) - 원유관복

조복은 왕이 신하의 조현(朝見)을 받을 때 입던 옷으로 삭망(朔望), 조강(朝講), 조강(詔降), 진표(進表) 때에도 입던 면복 다음 가는 옷이다. 원유관(遠遊冠)을 쓰고 강사포(絳紗袍)를 입는데 흰 버선과 검은 신을 신는 점이 면복과 다르다.(그림5) 원유관, 강라의, 강라상, 백라중단, 폐슬, 후수, 대, 규, 패옥, 백말, 흑화로 일습을 갖추게 된다. 1897년 고종이 황제(그림6)가 되자 원유관 대신 통천관(通天冠)을 썼고 강사포는 면복과 형태가 같으나 색이 붉고 장문이 없다. 또 청선을 가미한 백초중단을, 흑선을 가선한 청초중단으로 바꾸고 중단의 옷깃에 중국 황제와 똑같이 불문 13개를 금박하였다.

왕복과 왕세자복과 왕세손복의 차이점은 ① 원유관의 양(줄)의 수가 왕은 9량(162玉), 왕세자는 8량(144玉), 왕세손은 7량(126玉)이며 옥(玉)의 수가 18개씩 차이가 난다. ② 중단의 불문이 왕은 11개, 왕세자는 9개, 왕세손은 7개이다.

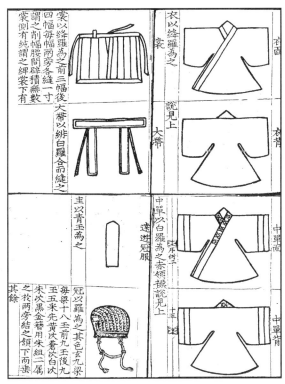

5. 『국조오례의서례』에 실린 원유관복

6. 강사포에 통천관을 쓴 고종 황제 어진, 고궁박물관 소장

7. 익선관에 곤룡포를 입은 영조의 어진, 고궁박물관 소장

4) 상복(常服) - 익선관복

왕이 평소 집무를 볼 때 입던 옷이다. 익선관복은 익선관(翼善冠), 곤룡포(袞龍袍), 옥대(玉帶), 화(靴)로 이루어진다. 곤룡포는 용포라고도 하는데 왕을 상징하는 오조룡(五爪龍: 다섯 개의 발톱이 달린 용) 무늬를 가슴, 등, 양 어깨에 짜넣었기 때문이다. 초기에는 소매가 좁고 깃이 많이 파이지 않았으며 무의 양옆은 모두 트였다. 후기(그림7)에는 옷깃이 많이 파이고 소매가 넓어졌으며 오조룡을 수놓은 보(補)를 가슴과 양 어깨에 붙였다. 1897년 고종이 황제가 되자 황색 용포(그림8)를 입었다.

왕세자는 흑색 곤룡포에 4조 원룡보(圓龍補)를 양 어깨와 등과 가슴에 달았고 다른 것은 왕과 같다. 왕세손(그림9)은 흑색 곤룡포에 3조 방룡보(方龍補)를 가슴과 등에만 달았고 수정대(水精帶)인 것만 왕세자와 다르다.

그림10은 영조가 21세 때인 연잉군(延礽君) 시절의 초상화 원본이다. 오사모(烏紗帽)에 녹색 단령(團領)을 입었고 왕자이므로 백택 흉배를 단 것으로 보이며 서대를 띠고 화를 신었다.

5) 융복(戎服)

8. 황룡포, 흑백 사진을 재현하여 그린 고종 황제, 권오창 그림

왕이 능에 갈 때나 거동할 때, 국난을 당했을 때 입는 옷으로 흑립을 쓰고 철릭을 입고 광사대를 매고 화를 신고 검을 찬다. 인조는 남색 융복을 입었다. 1539년

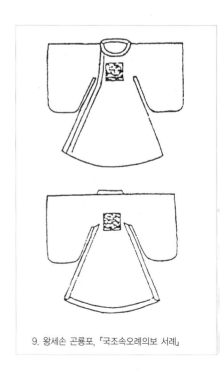

9. 왕세손 곤룡포, 『국조속오례의보 서례』

(중종32) 세자의 융복 색은 오행(五行)에 맞춰 청색으로 하였고 『국조속오례의』에 능에 갈 때는 왕과 문무백관이 모두 융복 차림이었다고 한다.

6) 군복(軍服)

군복은 머리에 전립(戰笠)을 쓰고 바지 저고리 위에 동달이와 전복(戰服)을 입은 다음 광대와 전대를 띠고 화를 신고 지휘봉인 등채[藤策: 채찍]를 든다. 제26대 철종(그림11)의 어진을 보면, 공작 꼬리가 달린 전립을 썼고 토황색 동달이를 입었으며 소매에 홍색 천을 덧대었다. 흑색 전복의 어깨와 가슴과 등에 용보(龍補)를 붙였고 수를 놓은 광대 위에 남색 전대를 띠었으며 화를 신었고 손에는 칼을 짚고 있다. 실록에 의하면 순조 34년, 헌종 13년에 행행시 거가를 수행하는 신하들의 복색으로 구군복을 착용하였다. 철종 11년에는 군복(구군복)이 간편하다고 군복을 착용하였으며, 왕도 군복을 착용하였다.

7) 일상복

평상복으로는 서민과 똑같은 옷을 입었는데 옷감, 소매 넓이, 장신구 등이 서민과 달랐다. 철릭, 장의, 도포, 중치막, 창의, 배자, 주의, 답호, 전복 등을 입은 기록이 있고 색은 백색, 남색, 옥색, 초록, 두록, 다홍, 자적, 주황, 아청색을 썼다.

10. 오사모에 녹색 단령을 착용한 연잉군 시절의 영조, 고궁박물관 소장

11. 군복을 착용한 철종의 어진

2. 백관복

백관복에는 제복, 조복, 공복, 상복, 시복, 융복이 있는데 왕보다 세분화되었다. 백관은 양반 계급으로 관청에 나가 공무를 볼 때는『경국대전』에 정해진 대로 품계에 따라 입었고 국가의 의식이 있을 때는『국조오례의』에 정해진 대로 입고 행하였다. 형태는 초기에는 중국제와 같았으나 중후기 이후 많은 점이 한국화되었다.

일상 생활에서는 일반 서민과 같은 형태의 옷을 착용했으나 서민과는 옷감, 색, 소매 넓이 등에 차이가 있었다.

12. 제복, 권오창 그림

1) 제복(祭服)

제복은 왕이 면복을 입고 종묘와 사직에 제사를 지낼 때 신하들이 입고 참석하던 옷으로 제관(祭官)과 향관(享官)만 입을 수 있고 나머지 백관은 금관조복을 입는다. 제관(祭冠), 청초의, 적초상, 백초중단, 폐슬, 대대, 혁대, 패옥, 수, 백말, 혜, 홀, 방심곡령으로 이루어진다. 태종 때 관복색에서 조복과 함께 만들어 국말까지 입었고 청초의 색이 청색에서 검은색으로 변했다. 품계에 따른 차등은 조복과 같다. 조복과 형태와 구성 요소가 같으나 겉옷과 중단 색깔이 다르고 방심곡령이 추가되었다.(그림12)

2) 조복(朝服) - 금관조복

왕이 면복을 입고 제사지낼 때 백관이 입고 참가하는 옷으로 경축일, 정월 초하루, 성절(聖節), 동지, 조칙을 반포할 때, 표(表)를 올릴 때도 입으며 금관조복이라고도 한다.(그림13) 태종이 관복색을 설치하여 제복과 함께 만든 것으로, 제용감에서 만들어 관사에 보관했다가 필요할 때 입었다. 양관(梁冠)에 적초의, 적초상, 백초중단, 폐슬, 대대, 혁대, 패옥, 후수, 말, 혜, 홀로 이루어진다. 조복과 제복은 예로부터 내려오는 제도여서 국말까지 이어졌으나 모양을 우리 식으로 바꿨고 중단의 색도 백색 초에서 청색 초로 바꿨다.

품계에 따라 양관의 양수(梁數), 수(綬)의 수문(繡紋)과 환(環)의 재료, 대(帶)와 홀의 재료, 패옥의 색 등을 엄격하게 구분하였다.

13-1. 금관조복, 19세기 말, 이화여자대학교 박물관 소장.
대원군(1820-1898)이 입던 금관조복이다. 조선 말의 조복은 적초의, 청초의, 상에는 모두 검정선을 두르고 대대에 후수를 붙여서 입고 양옆에 패옥을 거느린다. 그리고 각대를 매고 홀을 든다. 머리에는 금관을 쓰고 발에는 혜를 신는다.

13. 금관조복, 흥선 대원군 이하
응 영정, 국립중앙박물관 소장

14. 공복, 박연 및 박연 부인상,
서울 국립국악원

3) 공복(公服)

공복은 초하루, 보름, 조회, 동지(冬至)에 왕세자에게 백관이 하례할 때 입는 옷으로 제복, 조복 다음 간다.(그림14) 복두(幞頭)에 포, 대, 홀, 화로 이루어지며 포의 색과 홀의 재료에 따라 품계의 상하를 가렸다. 포의 색은 3품 이상은 홍포, 4·5·6품은 청포, 7·8·9품은 녹포이다. 임진·병자란 이후 공복만 복구되지 못했고 공복을 착용해야 할 때는 흑단령(黑團領)으로 대신하였다. 형태는 옷깃이 둥글고 소매가 아주 넓다. 백관복 중 조복과 제복은 백관 이외의 사람은 착용할 수 없었으나 공복은 악인(樂人)과 학사(學士)도 입었다.

4) 상복(常服)

상복은 관리들의 사무복으로 국가의 연회에 참석할 때 착용했으며 색은 정하지 않아 여러 가지 색이 사용되었지만 왕조마다 유행색이 있었다. 상복은 경국대전

15. 조선 초기 상복, 이원익(1547-
1634) 영정, 국립중앙박물관 소장

16. 조선 후기 상복, 김정희 영정,
보물 547호, 국립중앙박물관 소장

17. 조선 말기 소례복, 길이 135cm, 화장 82cm, 품 46cm,
석주선 기념 민속박물관 소장

18. 혼례복, 김홍도, 풍속화첩 중 신행, 국립중앙박물관
소장

(1485년)에 정해진 것으로 사모(紗帽)를 쓰고 단령, 대, 화로 이루어지며 대로써 품계의 등위를 가렸다. 1454년(단종2) 이후 흉배로 상하를 가렸다.

초기의 형태는 고려 단령과 같았으나 조선 중후기가 되면서 단령의 깃을 많이 파고 소매가 넓어지며 옆에 있던 무를 뒷길에 붙이고(뒷길로 돌아가 꿰맸다) 옷고름을 달았다. 흉배도 작아졌다.(그림15, 16, 25)

1884년(고종21)에는 상복과 시복을 흑단령 하나로 간소화했다. 1895년(고종32) 8월 10일에 문관복장식을 반포하여 대례복·소례복이 생겼으며, 흑단령의 소매 넓이로 대례복·소례복(그림17)을 구별하였다. 1900년(광무4년)에 단령을 양복으로 대치한 이후 단령은 지금까지 신랑의 혼례복(그림18)으로 남게 되었다.

5) 흉배(胸背)

흉배는 백관 상복의 가슴과 등에 붙여 품계와 상하를 가리는 것으로 사각형이다. 초기에는 상복의 대(帶)로 상하 구별을 하였으나 잘 구별되지 않는다고 하여 1454년(단종2)에 당상관의 흉배제도가 제정되었다.

1품은 문관 공작, 무관 호표(虎豹, 그림20), 2품은 운안(雲雁)과 호표, 3품은 백한(白鷳)과 웅비(熊羆: 큰곰), 대군은 기린, 대사헌은 해치(그림21), 도통사(都統使)는 사자, 왕자와 군(君)은 백택(白澤)이었다.

1505년(연산군11)에 1품에서 9품까지 모두 달되 돼지, 사슴, 거위, 기러기 등 우리 나라 무늬를 살리도록 했다. 그러나 이것은 이때뿐이었다.

임진·병자란 이후 흉배가 정한 대로 사용되지 않자 숙종은, 문관은 나드는 새, 무관은 달리는 짐승을 자수하라고 명했다.

1745년(영조21)에 문관 당상관은 운학(雲鶴), 당하관은 백한, 왕자와 대군은 기린, 무관 당상관은 호표, 당하관은 웅비로 제정하여 다음해에 『속대전』에 기록하면서 국초의 무늬와는 다르나 옛것대로 회복하기 어려우므로 시속대로 기록한다고 밝혔고, 이는 『대전회통』에 그대로 이어졌다.

1897년(고종34) 이왕직에서 현재 행해지고 있는 예복에 대해 기록한 것을 보면 문관 당상관은 쌍학(雙鶴, 그림23), 당하관은 단학(그림22), 무관 당상관은 쌍호(雙虎, 그림25), 당하관은 단호(單虎, 그림24)이며 이를 보여주는 실물도 상당수 남아 있다. 초기 흉배의 크기는 상복의 가슴을 모두 덮을 정도로 컸으며 말기에는 작아졌다.

19. 황제의 오조룡보, 지름 19.6cm, 국립중앙박물관 소장. 황제의 황색 곤룡포의 가슴과 등, 양 어깨에 부착하던 보. 5개의 발톱을 가진 용을 수놓는다.

20. 호표 흉배, 조선 중기, 24.5×
25.4cm, 고려대학교 박물관 소장

21. 해치 흉배, 조선 중기, 26.8×
29cm, 고려대학교 박물관 소장

22. 단학 흉배, 19세기 말, 21×
22.2cm, 이화여자대학교 박물관
소장

23. 쌍학 흉배, 흥완군(1815-
1848) 유품, 숙명여자대학교 박물
관 소장

24. 단호흉배, 자수박물관 소장

25. 쌍호 흉배, 19세기 말, 16.8
×19.2cm, 이화여자대학교 박물
관 소장

6) 시복(時服)

시복은 관리들의 사무복으로 흉배가 없는 단령으로 상복 다음 간다. 형태, 구성, 재료가 상복과 같았고 색으로 구별하였다. 상복 색은 정하지 않았으므로 국가에서 적당한 시기에 유용하게 시복을 정했다. 관리들이 상복으로 홍색 계통을 많이 입었을 경우 시복 색은 흑색이나 청색으로 정했으며, 상복 색으로 청색 계통이 유행일 경우 시복은 홍색 계통으로 정했다.(그림26)

7) 융복(戎服)

문·무관이 왕을 수행할 때, 사신으로 갈 때, 국란을 당했을 때 입는다. 초기에는 무관만 입었으나 임진왜란 때 문·무관 모두 입었다. 머리에는 흑색 갓을 썼고 철릭을 입고 광사대를 띠고 검을 찼다. 색은 정하지 않았다.

평화시에 당상관의 융복은 남색, 당하관은 청현색 철릭를 입었으며 교외로 임금이 거둥할 때는 홍색을 입었다.(그림27)

26. 시복, 허목(1595-1682) 영정, 1794년 이모, 국립중앙박물관 소장

27. 융복을 갖춘 모습, 국학도감

28. 구군복, 국학도감

8) 구군복(具軍服)

구군복(그림28)이란 문무관이 입었던 군복으로 구군복 차림새에는 머리에 전립(무관이 쓰던 모자)을 쓰고 동달이(전복 속에 입는 주홍색 포, 붉은색의 좁은 소매와 곧은 깃이 달렸다)와 전복을 입은 다음 광대(廣帶)와 전대(戰帶: 남색의 사로 한쪽 끝은 정삼각형으로 접은 후 식서 부분이 맞닿게 같은 방법으로 접어 맞닿은 식서 부분을 박아 군복에 매던 띠)를 띠고 병부(兵符)를 차고 화를 신는다. 수구에 팔찌를 끼고 환도를 들고 동개[활통]를 매고 등채를 든다.

9) 앵삼(鶯衫)

앵무새색 단령에 옷깃, 섶선, 밑단, 무의 가장자리에 검은 선을 두른 옷으로 과거 급제한 사람이 임금이 내린 어사화(御賜花: 종이꽃)를 복두에 꽂고 삼일유가(三日遊街) 때 입는 옷이다.(그림29)

어사화는 모자의 뒤에 꽂고 다른 한 끝을 머리 뒤에서 앞으로 넘겨 끝에 달려 있는 실을 입에 물거나 홀에 고정시켰다. 앵삼은 색깔이 앵무새색과 닮았다고 하여 붙여진 이름이다. 조선시대 유생복, 생원복, 진사복, 관례복, 제례복, 상례복(喪禮服)으로 입은 옥색 난삼에서 나왔다. 복두, 앵삼, 대, 화로 이루어진다.

난삼(그림30)은 인조 이전에는 남색, 옥색에 검은 선이나 청색 선을 둘렀고, 영조 때는 안동 향교에 있는 옥색에 청색 선을 두른 난삼을 본떠 만들다가 고종 때 앵삼을 만들어 입었다.

29. 복두 · 앵삼 · 어사화

30. 난삼

3. 중인복

법전에 중인 서리복이 백관복과 함께 제정되었다. 중인은 관원과 백성 사이의 계급인데 이는 복식으로도 표현되었다. 즉 공복으로 관원복을, 상복으로 서민복을 입었다.

서리는 일명 이서(吏胥), 이속(吏屬), 아전(衙前)이라고 하며 중인 계급에 속하는 말단 관리로 품계를 갖지 않는다. 중앙 관서에 근무하는 아전을 경아전이라 하며 녹사, 서리, 조예, 나장 등이다. 녹사는 비교적 격이 높은 아전이며 서리는 주로 서책(書冊)의 보관이 임무이다. 조예와 나장은 각 관청 등에 배속시킨 아전이다. 이들은 각각 재직 기간이 끝나면 종품 한도로 관직을 주었다(대전회통).

지방 관청에 소속되었던 아전을 외(外)아전이라 하며 서원(書員), 일수(日守), 나장(羅將), 차비군(差備軍) 등이다. 그 지방 출신으로 대대로 아전을 하는 사람을 향리(鄕吏)라 했다.

31. 녹사복, 권오창 그림

1) 녹사복(綠事服)

중인 계급에 속하는 말단 관리로 품계가 없는 중앙 관서에 근무하는 아전이 입던 옷이다.(그림31) 『경국대전』에 녹사복은 유각 평정건, 단령, 조아(絛兒)로 이루어진다고 했으며 『속대전』에는 오사모(烏紗帽)에 홍단령을 입되 대소 조의(朝儀)에는 검푸른색을 입도록 했다. 선조 이후 당하관이나 무관, 중인이 모두 홍색을 숭상하여 군신이 같다가 1757년(영조33) 당하관의 홍색 단령 폐지와 함께 녹사복인 홍단령도 폐지되었다.

2) 서리복(書吏服)

『대한제국동가도(大韓帝國動駕圖)』의 서리복(그림32)은 무각 평정건에 단령을 입고 허리에 실띠를 매는데 이것은 『경국대전』과 같다.

3) 나장복(羅將服)

죄인을 문초할 때 매를 때리거나, 귀양가는 죄인을 압송하는 일을 맡았으며 의금부, 병조, 형조, 5위도총부, 사헌부, 사간원 등에 배치된 하급 관리인 나장의 옷이다. 『경국대전』에서 정한 나장복은 명(明)의 제도를 따른 고려 말의 것과 같다. 조건(皂巾: 검은색 두건), 청반비의(靑半臂衣), 단령, 흑색 띠로 이루어지는데 부서에 따라 단령 색이 달랐다.

1506년(연산군12) 기록에는 나장복을 반비흑철릭(半臂黑帖裏)이라 하였는데 풍속도에서 보면 나장(그림33)이 철릭을 입고 있으며 건(巾)은 삼각형(고깔형) 모

32. 서리복, 평정건에 단령을 입은 서리

33. 나장복, 신윤복, 주사거배, 부분, 간송미술관 소장

34. 금부나장, 복건·철릭·반비의

양이다.

　『대한제국동가도』에는 검은 고깔형 모자에 옥색 철릭을 입고 흑반비(그림34)를 입은 나장이 나온다.

4) 사령복(使令服)

　의금부와 각조 사령은 좁은 흑색 갓에 백색 철릭을, 한성부와 5부도사(五部都事) 사령은 흑색 갓에 백창옷을 입었다.(그림35)

35. 각조 사령과 5부도사 사령

4. 서민복

1) 직령

조선 왕조 초기부터 말기까지 서민에서부터 왕으로까지 두루 착용했다.(그림 36) 서민은 고려 말에서 조선 세조(世祖)까지 착용했고 이후 양반의 옷으로 승격되어 외출복으로 입었다.

1884년(고종21)과 1894년(고종31)의 사복개혁(私服改革) 때 다른 광수의(廣袖衣)와 더불어 폐지되었으나 순종은 세자 때 관례복(冠禮服)으로 입었다.

별감(別監), 향리(鄕吏), 소친시(小親侍)의 상복(常服)으로 초기부터 말기까지 착용되었다. 또한 상복(喪服)으로도 입혀졌다. 옷감은 마포, 갑사, 모시, 명주, 단(緞)이 사용되었고 색은 백, 홍, 아청이 사용되었다. 형태는 곧은 깃만 단령과 다르고 다른 것은 단령과 똑같았다.

36. 녹색 무명 솜직령, 총길이 133cm, 화장 120cm, 뒷품 66cm, 고운 묘 출토 복식, 국립광주박물관 소장

2) 철릭

철릭은 고려에서부터 계속 입혀진 것으로 겉옷의 밑받침옷으로 입혀졌다. 비상시 겉옷을 벗으면 옷을 갈아입는 번거로움 없이 융복으로 대신할 수 있었으며 한쪽 혹은 양쪽 소매를 반소매로 만들고 따로 긴 소매를 만들어 매듭단추로 연결한 실용적인 옷이었다. 임진란 때에는 왕 이하 백관 모두가 철릭을 입어 전쟁이 끝난 이후 융복으로 제도화되었다.

철릭은 의(衣)와 상(裳: 지마)을 따로 재난하여 봉재된 옷으로 싯은 곧은 싯이며, 시대에 따라 의와 상의 길이와 폭, 주름의 처리 방법, 깃·소매 등에서 많은 변

37. 초기 철릭, 갈색 명주 겹철릭, 총길이 126cm, 화장 114cm, 뒷품 62cm, 고운 묘 출토 복식, 국립광주박물관 소장

38. 조선 후기 철릭, 신윤복, 주사거배, 부분, 간송미술관 소장

화가 있었다. 후반기로 가면 의가 상보다 길던 것이(그림37) 의보다 상의 길이가 길어지고, 치마 주름은 초기에 정교한 잔주름이던 것이 후기로 가면서 넓어지며 (도38), 치마 단 끝까지 눌러 잡은 주름치마의 형태도 있다. 또한 후기로 갈수록 소매가 넓어지고 배래에 곡선이 생기며 한쪽 소매에만 매듭단추를 달게 된다. 철릭은 편복, 군복, 융복으로 왕, 문·무관, 무인, 악인, 서민 등이 모두 입었다.

3) 심의(深衣)

심의는 유학자의 법복으로 고려시대 주자학과 함께 송에서 들어왔다. 조선시대까지 유학자들이 법복, 관례복, 수의, 제복으로 입었다. 색은 흰색이며 상의와 하상(치마)이 허리에서 붙은 옷으로 검은색 선을 둘렀다. 4폭으로 된 상의는 사계절을 의미하고 12쪽을 이어붙인 치마는 12달을 의미한다.

깃은 대금(對襟: 마주 닿는 깃), 방령(方領: 네모난 깃, 그림39), 곧은 깃 등 다양하며, 소매는 넓고 둥글다. 옷깃, 섶선, 수구, 치마의 단에 검은색 선을 두른다. 허리에는 대대를 띤다. 대의 앞에는 다섯 가지 빛깔의 끈을 묶어 늘어뜨리는데 이것을 학창의(鶴氅衣)에서는 띠지 않아 심의와 구별한다. 머리에는 주로 흑사로 만든 복건을 쓴다.

39. 심의도, 호고와선생문집, 1827년, 가천박물관 소장

4) 답호

답호는 옆트임이 있는 반소매 포(그림40)로, 고려 후기부터 조선 후기까지 왕과 관리들이 상복(常服) 안에 입거나 사대부의 겉옷 위에 덧입던 옷이다. 형태는 곧은 깃이고 반소매가 팔꿈치에 이르며 옷길이는 발목까지 오고 옆트임이 있다. 임란 후에 소매 없는 답호(그림41)가 생겼으며 순조 이후에는 답호가 착용되지 않았다. 형태는 전복(그림49)과 같아졌다. 그림42는 철릭 위에 답호를 입고 갓을 썼다.

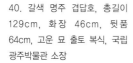

40. 갈색 명주 겹답호, 총길이 129cm, 화장 46cm, 뒷품 64cm, 고운 묘 출토 복식, 국립광주박물관 소장

41. 소매 없는 답호, 1636-1731년, 길이 124cm, 품 65cm, 석주선 기념 민속박물관 소장

42. 철릭 위에 답호 입은 모습, 재현품

5) 장의(長衣)

장의는 왕 이하 서민 모두가 말기까지 입던 옷으로 형태는 곧은 깃에 앞길은 좌우가 같은 모양이다.(그림43) 깃 모양은 목판깃이며 겨드랑이 아래에 삼각형의 무가 달려 있으며 소매 끝에는 흰색의 거들지(태수)를 넓게 대었다. 질 좋은 고급 비단류나 무명 등을 사용하였다. 방한용으로 솜을 두거나 누벼 입었다.

6) 액주름포

액주름포는 조선시대 초·중기에 입혀지던 포이다.(그림44) 형태는 곧은 깃 이고 넓은 두리소매이다. 겨드랑이 아래 무가 시작되는 곳에 주름이 잡혀 있어 액 주름포라고 한다. 주로 누빈 것이 많다.

7) 도포(道袍)

사대부의 외출복, 제사복, 수의(壽衣)로 입었다.(그림45) 도포라는 말은 조선 1564년(명종19)에 처음 나오는데, 도복(道服)에서 나왔다고도 하며 그 외에도 여러 설이 있다. 『목민심서』에 노예 등 천민도 도포를 입었다고 나오듯 하층 계급에서도 몰래 도포를 입었다. 갑신의복개혁(1884년) 때 소매 넓은 다른 포와 함께 폐지되었다가 1900년에 다시 관직이 없는 사람의 예복이 되었다.

지금도 강원도에서는 신부가 혼수품으로 준비해 가서 신랑이 제사지낼 때 입다가 수의로 착용한다. 깃이 곧으며 무가 달려 있고 소매가 넓다. 옷의 뒷길은 무와 연결된 허리부터 뒷중심이 터져 있고 그 위에 도포의 특징인 뒷자락이 하나 더 있

43. 장의, 1500-1600년대, 길이 124cm, 화장 93cm, 품 49cm, 충북대학교 박물관 소장

44. 액주름포, 1529-1604년, 길이 96cm, 화장 93.5cm, 품 70cm, 석주선 기념 민속박물관 소장

45. 도포, 김홍도, 평양감사 환영
도, 부분

46. 중치막, 신윤복, 주사거배, 부
분, 간송미술관 소장

어 말을 탈 때나 앉을 때 편하다. 도포에는
갓이나 관을 쓰고 가는 띠를 띠었고 혜나
태사혜를 신었다. 가는 띠는 자적색, 남색,
청색, 쑥색, 흰색 등의 색으로 만들었으며
흰색은 제사지낼 때 드린다.

8) 중치막(中致莫)

중치막은 임진란 이후에 왕 이하 서민
까지 두루 입던 옷으로, 조복 안에 받쳐 입
거나 외출복으로 입었다.(그림46) 겹옷, 솜
을 둔 것, 누빈 것 등 유물이 많으며 풍속화
에서 옥색, 백색, 청색, 남색 중치막을 많이
찾아볼 수 있다. 깃은 곧고 소매는 넓으며
무는 없다. 겨드랑이부터 옆이 트여 안쪽 옷이 보인다. 역시 국말 의복개혁 때 다른
소매 넓은 옷과 함께 입지 못하게 되었다. 허리에 가는 띠를 매고 혜나 태사혜를 신
었다.

9) 창의(氅衣)

창의는 임진란 이후 왕과 사대부가 평소에 입던 옷으로 대창의라고도 한다. 공
복 안에 입던 옷으로 곧은 깃에 소매가 넓고 무가 있고 트임이 있는 옷을 말하기도
한다. 즉 뒷중심 솔기에 트임이 있던가, 무의 옆선만 트인 것, 뒷중심 솔기와 무의
옆선이 모두 트인 것 등이 있다. 사대부가 외출할 때는 갓을 쓰고 세조대(細條帶:
끈목으로 만든 실 띠)를 띠며 평상복에 신던 혜나 태사혜를 신었다. 국말 의복개혁
때 다른 소매 넓은 옷과 함께 착용이 금지되었다.(그림51)

10) 학창의

학창의는 예로부터 신선이 입는 옷이라고 하여 덕망 높은 도사나 학자가 입었
다. 넓은 소매에 무가 있고 옆선과 뒷솔기가 트여 대창의와 같으나 흰색이며 옷깃,
수구, 옷단 등 트인 부분에 검은 선을 둘렀다. 머리에는 방건, 복건 등을 써서 심의
와 비슷해 보이지만 세조대를 띠는 점이 다르다.(그림47) 학창의는 중국의 도교에
서 우의(羽衣)라고 부르는데 원래 학의 깃털이나 새의 깃털을 짜 만든 구의(갓옷)
였으며, 진나라 및 남조시대에 있었다. 후기에 와서 학창의라고 불렀다.

47. 학창의, 흥선대원군, 서울역사
박물관 소장

48. 두루마기, 18세기, 충북대학
교 박물관 소장

11) 두루마기

두루마기란 터진 곳이 없이 막혔다는 뜻으로 주의(周衣)라고도 한다. 삼국시
대 우리의 기본 포를 계속 입으면서 두루마기가 되었고 현대까지 입혀지고 있
다.(그림48) 통일신라, 고려시대, 조선 초기에는 남녀 상하 귀천 없이 모두 입었으
나 조선 후기 상류층에서는 집에서 입거나 외출시 겉옷 안에 받쳐 입던 옷이다. 하

49. 전복 · 두루마기, 권오창 그림

50. 오방장 두루마기, 19세기 말, 명주, 길이 122cm, 화
장 79cm, 이화여자대학교 박물관 소장

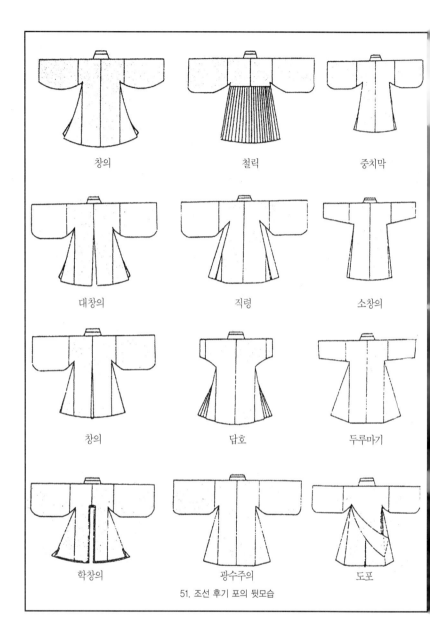

창의 철릭 중치막

대창의 직령 소창의

창의 답호 두루마기

학창의 광수주의 도포

51. 조선 후기 포의 뒷모습

류층은 외출복으로 입었다. 두루마기의 소매를 넓혀서 광수주의(그림51)로 만들어 외출복으로 착용하였다. 1884년(고종21) 의복개혁 이후 두루마기는 삼국시대처럼 남녀·귀천없이 입게 되었다. 갑자기 시행한 의복개혁은 상류층의 맹렬한 반대에 부딪혔으나 10년 후에는 모두 두루마기를 입었는데 전복과 함께 입기도 했다.

1895년(고종32) 3월에 왕과 국민에게 같은 의제(衣制)인 색깔 있는 주의를 입게 한 것은 의제상으로라도 구별을 두지 않으며 간편하기 때문이라 하였는데 이것은 고종 및 개화파의 평등 사상이 복식에 나타난 것이다.

두루마기에는 색이 다른 오방장 두루마기(그림50)가 있다. 오방색(청·홍·황·백·흑색)을 사용하여 붙여진 이름이다. 아버지가 살아계신 노인이 회갑을 맞으면 부모님을 기쁘게 해드리기 위해 돌 때처럼 오방장 두루마기를 입었다.

12) 소창의

소창의는 창옷이라고도 한다. 옷의 모양은 중치막과 같으나 소매가 좁은 것이다. 사대부는 소매 넓은 옷 안에 입는 것이 일반적이나 활쏠 때, 야유회갈 때 등 활동적인 경우에 입었다.(그림51)

13) 현단

현단은 선비의 예복으로 머리에는 현관을 쓰고 심의(深衣)를 입고 위에 황상(黃裳)을 하고 맨 위에 현의(玄衣)를 입은 후 혁대(革帶)에 작필(爵韠)과 좌우의 수(綏)를 달아매고 다음에 치대(緇帶)에 송곳, 장도, 거울 등이 달린 매듭을 끼워 조(組)를 맨다. 신발은 흑구(黑屨)를 신는다.

현의는 검정색이며 옷길이와 소매 길이가 같고 겨드랑이 아래가 터져 있다. 곧

은 깃은 양쪽이 마주 닿아 여며지지 않으며 소매 단, 깃, 도련에는 청색 선을 두른다. 베로 만든 황색 상은 앞 세 폭, 뒤 네 폭이며 청색 선을 두른다. 베나 비단으로 만든 작필은 가장자리는 흰 비단으로 꾸미고 가운데에 다섯 가지 색실을 두른다. 흰 비단으로 만든 치대는 가장자리에 검정 선을 두른다. 조의 위는 검정, 아래는 붉은색이며 가장자리에 다섯 가지 색실을 두른다. 쑥색 수는 다섯 가지 색실로 양쪽 가장자리를 꾸민다.(그림52)

14) 서민 가정의 모습

서민 가정의 모습을 그린 김홍도의 그림(그림53)에서 아버지는 상투 위에 사방건을 쓰고 두루마기를 입고 돗자리를 짜고 있으며 어머니는 옥색 치마에 흰색 저고리를 입고 물레를 돌리

53. 서민 가정, 김홍도, 풍속화첩 중 자리짜기, 지본담채, 국립중앙박물관 소장

고 있다. 뒤로 돌아 앉은 아이는 미색 바지에 흰색 반소매 저고리를 입고 글을 읽고 있다.

15) 저고리 위에 덧입는 옷

집에서 저고리 위에 덧입는 옷으로 긴 배자(그림54)와 반소매 상의 (그림55)가 있는데 앞이 뒤보다 길다. 배자(그림56)는 남녀노소 모두 입었는데 계절에 따라 옷감이 달랐다. 형태는 어깨만 붙어 있고 겨드랑이 아래가 트여 있어 긴 끈으로 앞에서 매게 되어 있다.

54. 배자(앞뒤), 홍진종 묘 출토 복식, 1647~1702년, 길이 102cm, 뒷품 46cm, 고려대학교 박물관 소장

55. 반소매 상의, 15세기, 운문단, 앞길이 95cm, 뒷길이 71cm, 화장 64.2cm, 이화여자대학교 박물관 소장

56. 배자, 조선 말기, 길이 44cm, 품 32cm, 석주선 기념 민속박물관 소장

5. 아동복

아동복은 어른 옷과 같으나 작게 만든 것이다. 바지 저고리 위에 두루마기(그림57), 창의(그림58), 사규삼(그림59, 60), 소창의 등을 입거나 전복(그림61)을 덧입기도 했다. 머리에는 복건을 쓰고 버선 위에 혜나 태사혜를 신는다. 돌쟁이는 머리에 복건을 쓰고 오방장 두루마기 위에 전복을 입고 허리에 두른 띠에 수주머니를 늘였으며 발에는 수를 놓고 솜을 두어 누빈 타래버선을 신었다.

1) 사규삼

사내아이가 관례 전에 입던 평상복이다. 땋은 머리에 복건을 쓰고 사규삼을 입으며 조대를 띤다.(그림60) 사규삼은 곧은 깃에 소매가 넓고 무가 없으며 옆선이 단에서 1/3정도만 트였고 옷깃, 섶, 수구, 밑단, 옆선의 트임선까지 모두 검은 선이 둘러져 있다. 후기의 사규삼은 겨드랑이까지 트여 있어 세 자락 옷이다.

57. 1897년 영왕의 네 살 때 모습

58. 영왕의 다홍저화단 창의, 뒷면, 고궁박물관 소장. 사진출처: 김영숙

59. 10세 때 영왕의 부금분홍생고사 사규삼, 고궁박물관 소장. 사진출처: 김영숙

영친왕이 10세 때 입은 분홍색 사규삼(그림59)에는 자적색 선이, 연두색 사규삼에는 검은 선이 둘러져 있는데, 선에는 모두 박쥐문이나 국화문, 인의예지(仁義禮智), 자손창성(子孫昌盛), 수복강녕(壽福康寧), 효제충신(孝悌忠信) 등의 글씨가 금박으로 찍혀 있다.

2) 오방장 두루마기

어린아이들이 돌 때부터 5~6세까지 입던 옷으로 남자 두루마기는 소매를 색동으로 하고, 길은 초록, 섶은 노랑, 무는 자주(여자 아이: 청색), 무와 깃과 고름은 청색(여자 아이: 자주)으로 하며, 안감은 진분홍으로 한다.(그림61)

60. 사규삼, 재현품

61. 돌복, 재현품

6. 관모

1) 갓

태종 18년 1월 1일부터 관리들의 평상복에 사용되다가 차츰 착용 범위가 넓어져서 서민도 외출, 제사, 기타 의관을 갖출 때 착용하였다.(그림62) 고종 32년 (1895) 8월에는 문·무관의 상복(常服)에 착용되는 예관이 되었고 1895년 11월 단발령이 내려져 망건이 폐지된 이후에는 망건에 갓을 쓰던 것이 탕건에 갓을 쓰게 되고 백정도 갓을 쓰게 되어 평등 사상이 나타났다.(그림63)

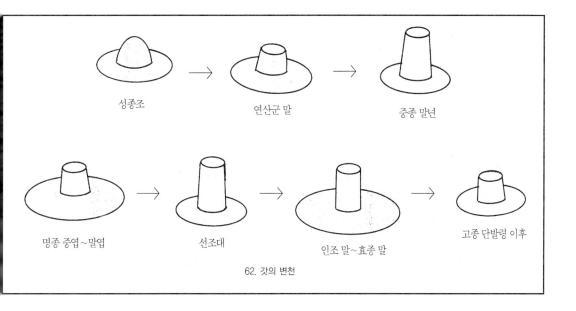

성종조 → 연산군 말 → 중종 말년

명종 중엽~말엽 → 선조대 → 인조 말~효종 말 → 고종 단발령 이후

62. 갓의 변천

63. 사방건·갓·탕건·감투, 강희언, 사인삼경도 중 사인시음, 지본담채, 개인 소장

2) 망건

관이나 갓을 쓰기 전에 반드시 쓰는 기본이 되는 쓰개이다.

3) 탕건

탕건은 망건의 덮개이며 입모의 받침으로 착용한다. 집에서 쓰는 관모로 중후기에 많이 썼으며 개화기 단발령 이후 탕건국이라 할 정도로 많이 썼다.(그림63)

64. 초립·백립·흑립, 19세기
말-20세기 초, 높이 11.8-13cm,
지름 23.5-28.5cm, 이화여자대
학교 박물관 소장

4) 평량자

평량자는 속칭 '패랭이'라고도 한다. 대나무를 가늘게 쪼개 '갓' 모양으로 만
든 관모의 일종이다.

5) 초립

초립은 대나무로 만든 갓이다.(그림64)

6) 갈모(갓모)

갈모는 갓모[笠帽], 우모(雨帽) 등으로 불리었는데, 비가 올 때 갓 위에 덮어
쓰던 우비(雨備)의 하나이다.

7) 관

머리에 쓰는 일반 명칭이나 후기에 평상시 머리를 가리기 위해 썼던 관을 말
하며 집안에서만 착용하였다. 사대부들은 방관(方冠: 方巾)·정자관(程子冠)·동
파관(東坡冠)·충정관(沖正冠) 등을 착용하였다.

① 방관
방건이라고도 하며 사각이 진 관이다.

② 정자관
중국의 정자에서 비롯되었다고 하며, 말총으로 산자형(山字形)을 2단, 혹은 3
단으로 만든 것이다.

③ 동파관
송의 문인 소식(蘇軾)이 만들어 썼다 하여 그의 아호인 동파(東坡)를 따라 부
르게 된 명칭이다.(그림65)

65. 동파관, 심득경 영정, 국립중
앙박물관 소장

66. 유건·복건, 김홍도, 풍속화첩 중 그림 감상, 지본담채, 국립중앙박물관 소장

67 송낙·고깔, 김홍도, 풍속화첩 중 점괘, 지본담채, 국립중앙박물관 소장

68. 벙거지, 19세기 말-20세기 초, 펠트, 높이 10cm, 지름 30.5cm, 이화여자대학교 박물관 소장

69. 갓끈, 19세기 말-20세기 초, 길이 62.8-74.6cm, 이화여자대학교 박물관 소장

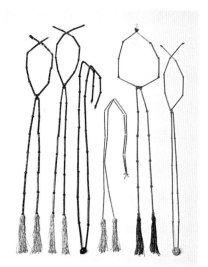

8) 유건과 복건

유건과 복건은 유학자나 유생들의 관모이다.(그림66) 유건은 흑색의 베·모시·무명 등으로 만드는데 양측으로 귀가 나 있고 끈을 달아 갓끈처럼 매기도 했다. 복건은 검은 헝겊으로 위는 둥글고 뾰족하게 하고 뒤에는 넓고 긴 자락이 늘어졌으며 끈으로 뒤로 잡아매게 만든 것이다. 유학자들이 심의에 복건을 썼으며 유생은 복건 위에 유건이나 갓을 쓰기도 했다. 요즈음도 어린이가 돌 때 쓴다.

9) 송낙과 고깔

송낙은 소나무 겨우살이로 만든 것으로 스님의 모자이다. 고깔은 마포나 면으로 만든 것으로 삼국시대 변형모의 형태가 남아 있는 스님의 모자이다.(그림67)

10) 벙거지

조선시대 군사일을 맡아보던 관청에 속한 종이나 하인들이 쓰던 모자이다.(그림68)

11) 갓끈

조선시대 갓을 장식하는 끈으로 재료에 따라 직위를 나타낸다. 『속대전』에 관리 3품까지 마노, 산호, 호박을, 3품 이하는 수정을 사용하도록 했다.(그림69)

7. 신

신의 형태에 따라 신목이 있는 화(그림70, 71)와 신목이 없는 혜(그림72, 73)로 구별하며 비올 때 신는 진신과 마른 날 신는 마른신이 있다.

재료에 따라 가죽으로 만든 태사혜·녹피혜,·유혜(징신), 비단으로 만든 당혜·운혜·흑혜·태사혜, 놋으로 만든 놋신, 나무로 만든 나막신, 풀과 대마로 만든 짚신과 미투리가 있다.

70. 화자, 길이 26.3cm, 높이 29cm, 국립민속박물관 소장

71. 백화, 길이 25.5cm, 높이 23cm, 국립민속박물관 소장

72. 태사혜, 길이 14cm, 29.5cm, 국립민속박물관 소장

73. 녹피혜, 길이 26.5cm, 국립민속박물관 소장

74. 징신, 길이 17cm, 22cm, 국립민속박물관 소장

1) 태사혜

조선시대 사대부가의 남자들이 편복에 신던 가죽신으로 조선시대 말기에는 왕도 편복에 신었다. 신코와 뒷축에 흰줄 무늬[太史紋]를 새겼다.(그림72)

2) 녹피혜

사슴 가죽으로 만든 신이다.(그림73)

3) 징신

남녀가 신은 신으로 바닥에 징을 달아서 징신이라고 한다.(그림74) 가죽에 들기름을 입혀 방수가 되게 했고, 바닥에 있는 징은 진흙이 신발에 묻는 것을 방지하는 역할을 한다. 유혜(油鞋)라고도 한다.

4) 흑혜

조선시대 문무백관들이 조복과 제복에 신었던 신발이다. 가죽으로 만들고 장식이 없는 단순한 것이었다. 조선시대 말기에는 신발에 끈이 달린다. 조선 후기의 초상화를 보면 유학자들이 편복과 함께 신기도 했다.(그림75)

5) 나막신

나무로 만든 신발을 나막신이라고 하며 나무신이라고도 한다.(그림76) 나막신의 종류에는 굽이 있는 것과 굽이 없는 것이 있다. 굽이 있는 것은 비가 오거나 흐린 날 신는다. 아이들의 나막신에는 채색을 하기도 했다.

6) 설피

산간 지방에서 눈오는 날 미끄러움을 방지하기 위하여 신 위에 덧신는 신발로 나무 덩굴 종류로 만들었다.(그림77)

7) 둥구니신

눈오는 날 미끄러움을 방지하고 방한을 위해 짚으로 만든 장화 모양의 신발이다.(그림78)

8) 짚신 · 미투리

짚으로 만든 신발을 짚신이라고 한다. 삼[麻]으로 삼은 신발을 미투리라고 하나, 말기에 가서 짚이나 풀 종류를 가지고 곱게 짠 것을 미투리라고 했다. 모양은 짚신과 같다.(그림79)

75. 흑혜, 길이 25.5cm, 국립민속박물관 소장

76. 나막신, 길이 14cm, 26cm, 국립민속박물관 소장

77. 설피, 길이 42cm, 너비 30cm, 국립민속박물관 소장

78. 둥구니신, 길이 28cm, 높이 27cm, 국립민속박물관 소장

79. 짚신 · 미투리, 길이 21.5–27cm, 국립민속박물관 소장

Ⅱ 여자 복식

1. 왕실 복식

대삼(大衫)

조선시대 왕비 예복 중 가장 으뜸 되는 옷을 적의(翟衣)라고 한다. 조선 초기, 이 옷은 중국 명(明)나라에서 보내 왔다. 머리에 쓰는 관은 칠적관(七翟冠), 옷은 배자와 하피가 달려 있는 대삼(大衫)이며 상아 홀(笏)을 들었다. 이러한 대삼 제도는 인조대까지 시행되었다.

80. 대삼, 재현품.
명회전의 왕비 예복으로 대삼은 진홍색이며 하피와 배자는 심청색 비단에 운하 적문을 수놓았다.

대삼은 대홍색이었고 무늬가 없었으며 그 위에 배자를 입는데 청색에다 적계문(翟鷄紋)을 수놓은 것이었다. 그리고 하피(霞帔)를 두르는데 하피의 바탕색은 짙은 청색이었고 선을 둘렀으며 적계문을 금수하였다. 하피의 길이는 치마 끝까지 늘이고 겹치지 않도록 목에 걸치며 뒤에서는 흥배 위치 아래까지 반원으로 늘이고 단추로 고정시킨다고 되어 있다. 대삼 안에는 치마 저고리를 입는다. 대대는 홍라로 하였다. 뒤에는 수(綬)를 늘이고 옥패(玉佩)를 양옆에 차고 옥규(玉圭)가 있었다.

치적의(赤翟衣)

조선 중기로 들어오면서 우리 나라는 임진·병자 양란 이후 명 복식의 영향기에서 벗어나 우리의 민족 복식 형성기로 접어들어가고 있음을 알 수 있다. 즉 임진·병자 양란을 고비로 왕비의 예복은 대삼과는 달리 『대명회전』 등에 의거하여 새로 적의제(翟衣制)를 만들어 낸 것이었다. 그리하여 색은 대삼과 같은 대홍색으로 하였고 적문도 왕의 장문(章紋) 수에 대응하도록 구성하였다.

그리고 하피도 우리 나라 나름대로 긴 한 폭으로 하고 등 뒤에서는 흥배 아래로 반원형으로 늘이고 앞으로 넘겨 치마 끝까지 늘이되 겹치지 않도록 고대 양 끝에서 단추로 고정시키도록 구성하였다. 거기에 적문과 운문을 금박하였다.

적관은 복원할 수 없어 국속화(國俗化)하여 대수(大首)로 하였다. 이와 같이 우리 나름의 적의가 제정된 것은 영조대에 와서 제도화되었으며 중국제와는 약간 모습을 달리하고 있다. 그러므로 우리는 중단(中單)과 폐슬·말(버선)·석(신)도 모두 홍색으로 하고 있다. 그리고 하피와 보를 하고 있다.

왕비 치적의는 원적문(圓翟紋) 51개를 배치하였으며 하피를 두르고 보를 달고 있다. 그리고 대수를 쓰고 있다. 완전히 우리 나름대로의 치적의인 것이다. 이는 국말까지 그대로 가다가 황후가 되면서 바뀌어진다. 대왕대비의 치적의는 모든 구성이 왕비의 것과 같고 다만 색만 자색 적의가 되었다. 왕세자빈은 아청색으로 하고 원적문을 36개 배치하였음을 문헌을 통하여 알 수 있다.

81. 치적의, 재현품.
왕비의 법복으로 대홍단으로 만들며 앞길과 뒷길의 차이는 한 자이다.

82. 자적 적의, 재현품.
대왕대비의 법복으로 대홍단으로 만들었다.

적의(翟衣)

국말 고종이 황제가 되고 왕비가 황후로 불리면서 명 황후의 적의제를 그대로 우리 나라 황후의 것으로 제정하였고 명 황태자비 적의제를 우리 나라 황태자비의 것으로 하였다. 서로 비슷하나 무늬의 등(等) 수에 차이가 있을 뿐이다. 황후의 것은 12등의 적문 사이사이에 작은 이화 꽃을 넣었으나 이는 중국에서는 윤화(倫花)를 넣었던 데 반하여 이왕가의 상징 문양은 이화이기 때문이다. 따라서 황태자빈은 9등(九等)으로 하며 이는 면복의 장문과 동일한 것이다. 황후 적의의 바탕색은 심청색이었고 깃과 도련, 수구에 홍색 선을 두르고 황후는 운룡문(雲龍紋)을 직금하였고 황태자빈의 것은 심청색 바탕에 홍색 선을 수구와 도련, 깃에 둘렀는데 여기에는 운봉문(雲鳳紋)을 직금하였다.

그런데 국말 생존하여 황후의 칭호를 받은 분은 순정효황후(윤황후)뿐이었다. 이 유물은 현재 세종대학 박물관에 소장되어 있다. 적의의 구성은 다음과 같다. 중단은 옥색으로 하고 홍색 선을 두르고 깃 둘레에는 불문 13개를 직성하였다. 폐슬은 심청색으로 적문 3줄 사이에는 작은 이화문을 4줄 직성하였고 아청색으로 연하고 운룡문을 직금하였다. 옥혁대는 청색 비단으로 하고 여기에 옥장식 10개와 금장식 4개가 장식되었고 운룡문을 그려 묘금하였다. 대대는 겉은 청, 안은 홍으로 하고 끝은 순홍으로 하여 늘여뜨렸다. 수(綬)는 훈색을 바탕으로 황·적·백·

83. 적의(12등 아청), 조선 말 황후의 법복, 재현품. 1922년 순정효황후의 법복을 재현한 것으로 적문과 이화문을 나란히 하여 꿩 154쌍을 수놓은 12등 적의다.

84. 청적의(9등 아청), 황태자빈 적의, 재현품. 140~160쌍의 꿩이 9등으로 나눠서 직금되어 있다.

85. 적의를 착용한 영왕비

표 · 녹의 5색으로 직성하고 옥환 2개를 달고 대수와 같은 색의 소수가 3개 달려 있다. 옥패를 양옆에 차는데 위에는 금주 2개가 있고 후수와 같은 색의 소수가 옥패 받침으로 늘여져 있다. 버선과 신발(석)은 청색 비단으로 되어 있다. 곡옥규는 길이가 7촌으로 위가 뾰족하고 곡문(穀紋)이 새겨져 있다. 아래의 손잡이는 황색 비단으로 싸고 황대(黃袋)에 넣어 있다. 구등 적의(九等翟衣)는 현재 덕수궁 고궁박물관에 소장되어 있다.

86. 국말 적의, 고궁박물관 소장
사진출처: 김영숙

폐슬

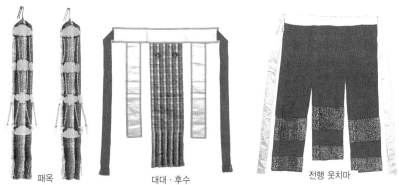

패옥   대대 · 후수   전행 웃치마

87. 적의 부속물, 고궁박물관 소장
사진출처: 김영숙

적문

국의(鞠衣 · 匊衣)

88. 순종 황후 윤비가 상궁 및 대신 부인들과 친잠식 후에 촬영한 사진, 1926년

조선조 성종대에 이르러 친잠례(親蠶禮)가 시작되었다. 친잠례란 왕비가 직조를 장려하는 의미로 누에를 치고 누에신에게 제사를 지내는 의식을 말한다. 이때 왕비는 국의를 입는데 국의의 색이 일정치 않아 역대로 시행이 되지는 못한 듯하며 변화를 겪게 되었다. 처음에는 왕비의 국의 색을 뽕나무 싹틀 때의 빛을 택하여 상색(桑色)을 사용하였고 명부(命婦)는 청색 국의를 입었다. 성종 24년에 다시 변경되어 왕비 국의를 청색으로 하고 명부는 아청색(鵝靑色)으로 변하였음을 알 수 있다. 그후 친잠의가 매 대마다 시행되지는 못한 듯하며 중종 때 의식을 하였으나 국의 색은 변함이 없었던 것 같다. 광해군대에 왕비 국의는 유청색(柳靑色)으로 하고 명부 국의는 그대로 아청색이었다. 영조대에는 성종조대로 따르도록 하였다. 이후도 시행은 이따금 있었으나 색에 대한 확실한 기록은 없다. 아마도 원삼으로 대체되지 않았을까 생각되기도 한다. 그러다가 순종 황제 때는 왕비의 국의가 당의로 대체되었음을 사진을 통해 알 수 있을 뿐이다.

89. 국의(상색), 재현품. 친잠례복. 대대, 패옥, 혜로 구성되어 있다. 상색은 뽕나무 잎이 처음 나올 때의 청색이 감도는 황색이다.

90. 국의(아청), 재현품. 친잠례복. 성종24년에 명부들의 국의 색을 아청으로 정하여 창덕궁에서 행했다.

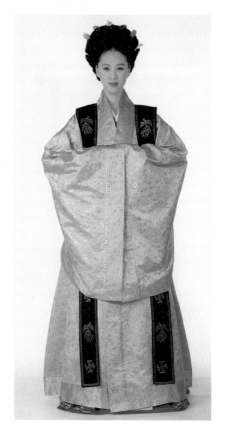

노의(露衣)

조선시대 초기 왕비의 상복(常服)이며 4품(四品) 이상 정처(正妻)의 예복으로 착용되어 왔다.

조선 초엽 왕비의 노의는 대홍색 화문의 비단을 사용하였다. 영조가 절약을 위하여 노의와 장삼을 없앴으나 그후는 국말까지 다시 향직(鄕職)으로 부활되었으며 거의 변함없이 똑같은 소재와 형태가 유지되었다. 노의의 형태는 의궤도(儀軌圖)에 간략하게 나와 있는데 앞은 다소 짧고 뒤는 끌릴 정도로 길다. 수구에는 남색 태수(箬袖)를 달고 자색 대를 부금하여 늘인다. 그리고 노의 전면에는 315개의 둥근 쌍봉문을 부금(附金)하였다.

세자빈의 노의도 같은 색의 같은 구조인데 부금 수는 확실한 기록이 없다. 사대부가의 4품 이상 정처의 노의는 청색 계통으로 꽃무늬를 금박하였고 흉배를 하였다. 대는 홍라대를 늘이고 가발을 하였다.

91. 홍색 노의(왕비), 재현품

92. 노의(내외명부), 재현품

93. 대홍 장삼, 재현품.
왕비의 노의 다음가는 예복으로 소매 끝에 흰색
태수가 달려 있다. 가슴과 등에 흉배가 있으며
머리는 큰 머리이다.

장삼(長衫)

장삼은 비빈을 위시하여 상궁 나인에 이르기까지 입었다. 조선 전반기에는 매우 중요한 예복이었다가 중후기에 이르러 원삼과 당의로 집약되면서 없어져 갔다.

왕비와 왕세자빈은 대홍색이나 5품 이하의 정처는 그 색이 명시되어 있지 않아 녹색계라고 추측하고 있다. 상궁은 대홍이나 황색을 사용하다가 나중에는 나인들의 장삼은 녹색이 되었다고 본다. 형태는 대동소이하다. 한때 상궁 시녀에게 흑장삼이 있었는데 그리 오래 가지는 않았다.

94. 녹장삼, 재현품.
5품 이하의 정처인 내외 명부의 예복으로 얹은머리, 남치마, 분홍 저고리, 녹색 장삼에 태수는 백색으로 하였다.

95. 흑장삼, 재현품.
숙종 『인현후가례도감의궤』에 의한 시녀의 대례복으로 옷감은 모시, 대는 남색 사이고 머리에는 너울을 쓴다. 시녀의 태수는 없다.

원삼

　　조선 초기에는 왕비의 법복 외에 노의와 장삼이 예복으로 사용되어 왔다. 임진
왜란을 겪으면서 차츰 노의와 장삼이 집결되어 원삼으로 되어졌고 영조 때에 와서
야 제도화되었다.

　　원삼은 삼국시대부터 흘러내려온 옷으로 다분히 국속화되었다고 본다. 왕비의
원삼은 현종(顯宗) 때 『명성후가례도감의궤』(1651년)에 처음 나온다. 홍색 길에
뒤가 길고 앞이 짧은데 보통 약 30㎝ 차이가 난다. 소매는 통이 넓고 수구에는 황·
청 두 가지 색의 색동과 금직단의 백한삼이 달려 있다. 띠는 홍단으로 일곱자 길이
이고 여기에 운봉문이 직금되어졌다. 최고의 무늬인 봉황무늬를 사용하고 있다. 밑
의 남색 전행 웃치마 역시 봉황이 직금되어 있다. 머리는 어여머리형이라고 본다.
떨잠을 세 군데 하고 대례복으로는 떠구지를 얹는다.

　　상궁의 원삼은 진초록색으로 되어 있다. 띠는 홍색이고 다른 것은 제도가 똑같
다. 머리는 어여머리이고 장식이 없다.

96. 홍원삼(왕비), 재현품.
고종 황제의 비인 윤황후가 동궁
비였을 때 착용하던 대례복이다.

97. 두록원삼(상궁), 재현품.
짙은 두록색으로 녹색과 거의 같
다. 여기에 상궁은 금박을 하지
못하였다.

1) 황후 · 황태자비 원삼

조선 중엽 이후 왕비의 원삼이 홍원삼이던 것이 국말에 이르러 왕비가 황후가 되면서 황후의 복색에 따라 황원삼이 되어 황색 길에 다홍색과 남색 색동과 흰 한삼이 달리고 홍색 봉황 대대에 오조룡(五爪龍)을 금수(金繡)한 원보(圓補)를 양어깨와 앞뒤에 붙였다. 그러나 왕실에서 경사로울 때는 소례복으로서 착용하고 쌍봉문(雙鳳紋)을 금수한 흉배를 앞뒤에만 달았다. 황태자비는 중기 후반의 왕비 원삼과 같은 홍원삼인데 안감이 황색으로 되어 있고 남색 선이 둘러져 있다. 노랑과 남색으로 색동을 하였고 흰색의 한삼을 대었다. 대대는 홍색 봉황무늬로 되어 있다. 머리는 어여머리로 하고 장식용 떨잠을 꽂는다.

98. 황후 원삼, 앞뒷면, 세종대학교 박물관 소장.
윤황후의 황원삼으로, 저고리 삼작을 입은 후에 황원삼을 입는다. 치마는 남색 대란치마를 입고 그 위에 다시 자주색 대란치마를 입는다. 대대는 대홍단으로 하고 대대 앞에 대삼작노리개와 진주 낭자를 찼으며 신은 황색 비단 석을 신는다.

99. 홍원삼, 단, 앞길이 149cm, 뒷길이 156.5cm, 품 44cm, 고궁박물관 소장. 사진출처: 김영숙
국말 영왕비가 착용했던 것으로 겉감은 대홍색 운봉문단이고 안감은 황색단에 남색단으로 선을 둘렀다. 겨드랑이 아래의 무는 텄으며 소매끝에는 황색과 남색의 색동과 흰색 한삼이 달려 있다.

2) 자적 원삼과 수복자문 원삼

　　자색 원삼은 후궁에서 올라온 빈궁이 입었다. 금박 무늬는 크게 규제가 없었으나 자연히 나이가 들면 어느 누구나 금박을 조촐하게 하였다.

　　원삼을 입을 때 궁중에서는 전행 웃치마를 입는데 황후는 용무늬를 하고 왕비 외의 왕족은 봉황무늬를 사용하였다. 그리고 사대부가에서도 당상관 부인은 글자와 꽃무늬를 하지만 누구나가 세 가닥의 웃치마를 입지는 못한다. 아마도 말엽에 가서나 사대부가에서도 입었을 것이다. 사대부가에서 당상관 부인은 자색 웃치마, 당하관 부인은 청색 웃치마에 스란단을 조금 대서 행주치마형으로 하여 입었다.

00. 자적 원삼(왕비), 재현품. 자적색에 수복자가 금박되어 있으며 보가 달렸다.
01. 자적 원삼(귀족), 재현품. 자적색에 수복자가 금박되어 있는 원삼은 후궁으로서 빈이 된 사람이 입었다.

3) 포도동자문 원삼과 전자문원삼

포도동자문 금직 원삼은 고려대학교 박물관 소장품으로 영조의 둘째 따님인 화순옹주(和順翁主)의 것으로 알려져 있다. 금직의 동자문은 대단히 화려하면서도 침착하고 품위가 있어 보인다. 옛날 것은 한삼이 조붓하고 색동도 좁게 하고 있어 특색을 보인다. 머리는 어여머리도 되고 족두리도 쓸 수 있다.

전자문(篆字紋) 금박 원삼도 그 구성에는 다 같다. 다만 금박 무늬만 다르다. 원삼은 그 금직이나 금박 무늬로 계급을 알 수 있다. 왕비는 봉황무늬이고 공주·옹주 역시 같은 봉황무늬로 하였다. 다만 보가 다를 뿐이다. 왕비는 용문의 보를 하며 공주·옹주는 하가(下嫁)하기 전에는 용문의 보를 할 수 있으나 하가하면 봉황 흉배를 단다. 그리고 왕비는 용이라도 오조룡(五爪龍)이고 공주·옹주는 사조룡(四爪龍)으로 한다. 즉 용의 발톱 수가 다른 것이다.

102. 두록 포도동자문 원삼(조선 후기), 재현품.
고려대학교 박물관 소장품을 재현한 것으로 우리 나라 원삼 유물 중 연대가 오래된 중기의 것으로 구성도 다소 다르다.

103. 전자문 원삼(사대부가), 재현품

당의(唐衣)

당의는 소례복(小禮服)으로서 궁에서는 평상시에도 흔히 입고 사는 것이기도 하였다. 보통 연두 길에 깃은 제 깃이고 겉고름과 안 고름은 붉은 자주로 한다. 안감은 홍색이다. 그리고 수구에는 거들 지를 단다. 거들지는 의례복의 상징적인 것으로 흰 감에 창호지를 받쳐서 수구에 달며 자주 갈아 달 수 있다.

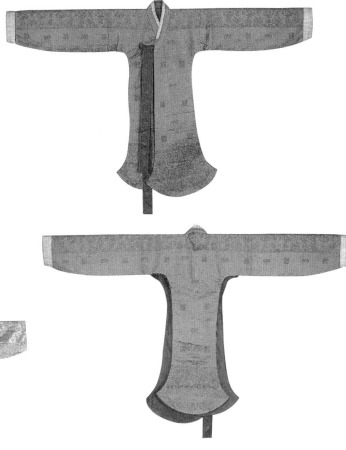

104. 당이(두록/겹), 재현품

105. 당의, 길이 78.2cm, 화장 67.8cm, 도류불수단, 이화여자대학교 박물관 소장. 운현궁에 계시던 노공비의 것으로 말엽이 될수록 당의는 곡선의 미를 아름답게 하고 있음을 알 수 있다. 길이는 거의 무릎까지 의 길이로 누구든지 날씬하고 커 보인다. 거기에 금박이 찍혀 있다. 정 식으로 입을 때는 화관을 쓰는 법이다. 그러나 편안하게 있을 때는 첩 지만 하고 있어도 된다. 고름 길이는 당의 길이 안에 들어가도록 한다. 치마는 소례복이기 때문에 스란치마나 민치마를 입는다.

106. 영왕비 당의 · 남대란치마, 고궁박물관 소장. 사진출처: 김영숙

107. 여름 당의, 재현품

108. 여름 당의(두록/홑), 재현품

1) 여름 당의

오월 단오 전날 왕비가 여름 당의로 갈아 입으시면 단옷날부터 궁 안의 모든 사람이 여름 당의로 갈아 입는다. 그리고 가을이 되면 추석 전날 왕비가 겹당의로 갈아 입으시면 모두들 겹당의로 갈아 입는다.

홑당의는 홑으로 하는 것으로 푸근한 느낌을 주는 도련을 오무려 감친 고귀한 멋이 풍기는 당의이다. 바느질이 매우 까다롭다. 젊은 사람들은 사(紗)로 하고 도련을 말아서 감치기도 하며 또는 0.2㎝ 너비로 곱꺾어서 감쳐서 만들기도 한다. 여기에 계절에 맞는 노리개라도 늘이면 더할 나위 없이 아름답고 품위가 있다.

2) 민당의

상궁의 민당의로 시대가 다소 올라가는 형이다. 따라서 곡선이 밋밋하고 치마 끈이 늘어진 것도 중심을 잡아 주는 듯 깔끔하다. 상궁은 궁인과 차이를 두기 위하여 당의 색도 다소 짙고 치마도 짙게 가라앉은 남색이고 무늬도 드문드문 조금 있었다. 조촐한 모습이다.

110. 민당의(상궁), 재현품

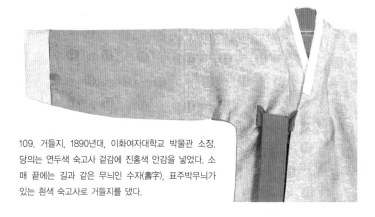

109. 거들지, 1890년대, 이화여자대학교 박물관 소장. 당의는 연두색 숙고사 겉감에 진홍색 안감을 넣었다. 소매 끝에는 길과 같은 무늬인 수자(壽字), 표주박무늬가 있는 흰색 숙고사로 거들지를 댔다.

2. 서민 예복

단삼(團衫)

단삼은 조선 초엽 중국에서 왕비 예복을 보내올 때마다 왕비의 관복(冠服)으로 같이 보내 왔다. 왕비의 단삼은 녹색에 직금(織金)을 한 비단으로 만들어졌다. 그런데 사대부가에서도 예복으로 단삼을 사용하였던 듯 최근에 발굴이 되기도 하였다. 이를 보면 부인이 입고 있는 단삼은 깃이 둥글게 달린 단령(團領)에 흉배가 달려 있다. 아마도 남편의 흉배와 같은 계급의 것이었을 것으로 본다.

옷의 색은 무덤 속에서 많이 변색되었으므로 확실하지는 않으나 역시 사대부가 부인도 금직이 아닌 녹색으로 하였던 것이 아닌가 생각된다. 그러나 왕비의 대삼이 적의로 바뀌면서 없어졌으므로 사대부가의 단삼도 없어졌을 것이다.

111. 단삼, 재현품. 안동대학교 박물관의 유물을 재현하였다. 흉배는 남편의 것과 같게 한 것으로 생각된다.

112. 활옷 · 화관 · 대대, 재현품. 복온공주 혼례복(1830년)으로 사용된 활옷의 복원품이다. 수의 도안이 잔잔하고 크게 화려하지는 않지만 얌전하고 예뻐 보인다. 화관도 왕족의 것으로 위에 옥 봉황이 앉아 있다.

활옷

활옷은 공주나 옹주 또는 상류층에서 주로 혼례 때 사용하던 예복이다. 활옷은 대홍색 비단에 장수(長壽)와 길복(吉福)을 의미하는 물결·바위·구봉(九鳳)·연꽃·모란꽃 등의 수(繡)와 이 외에 이성지합(二姓之合)·만복지원(萬福之源)·수여산(壽如山)·부여해(富如海) 등의 글을 수놓고 수구에는 한삼(汗衫)을 달았다. 치마 저고리 위에 활옷을 입고 대대를 띠고 머리에는 용잠을 꽂고 뒤에 긴 도투락 댕기와 양비녀 옆으로 앞댕기를 드린다. 그리고 노리개를 차기도 한다.

113. 활옷 입은 신부, 한국여속 사진첩

114. 활옷 복원품, 앞길이 96cm, 뒷길이 113cm, 화장 94.5cm, 품 40cm, 국립민속박물관 소장. 모란무늬의 활옷 앞뒤이다. 앞은 소매를 여미기 때문에 뒤에 수놓은 소매 수가 앞으로 넘어와서 전면에 수가 연결된다. 뒤도 완전히 수로 덮여 있기 때문에 입으면 앞뒤가 모두 수로 덮여지게 된다. 여기에 대대를 띠고 화관을 얹는다. 대단히 화려하여 새색시 얼굴도 환하게 피어오르는 듯 어여쁘지 않은 이가 없었다.

원삼

　　사대부가에서는 모두 두록색 비단에 안감을 홍색으로 하였다. 수구에는 다홍색과 노랑색 색동을 달고 한삼을 달았다. 그리고 화문(꽃무늬와 글자무늬)을 금박하였고 봉대를 뒤에 늘이고 원삼 밑에는 예복 상(裳)을 입었다. 계급에 따라 상의 색이 다르다. 당상관 부인은 자색 상이고 스란이 붙어 있으며 그 밑으로는 청색·녹색 상을 입는다.

115. 원삼을 입은 모습, 두록색 비단에 금직한 원삼과 자색 웃치마를 입은 사대부가의 예복이다.

116. 금직 녹원삼, 19세기 말, 길이 142cm, 화장 89cm, 도류단, 이화여자대학교 박물관 소장.
조대비가 친정 조카며느리에게 내린 원삼으로 제도가 궁양(宮樣)으로 되어 있다. 다른 데서 보기 어려운 원삼 단추가 대금(對襟) 위에 붙어 있다. 은으로 만든 이 단추는 이화(梨花) 꽃에 박쥐가 양쪽으로 감싸고 있는 모습이다. 그리고 홍색 안감 둘레에 남색 선을 둘렀다. 주로 궁중에서 사용되어 오던 형태로 궁중 제도를 따라서 만들어졌다. 원삼 밑에는 앞만 보이는 남색 치마 위에 홍색 스란치마를 입고 그 위에 자색 스란이 달린 상이 입혀 지게 된다. 그리고 봉대를 하였다. 끝동도 조붓하고 한삼도 조붓한 품격을 갖춘 원삼이다.

117. 상(裳), 19세기 말, 길이 106cm, 폭 126cm, 허리폭 78cm, 스란단 65.5×20cm, 도류불수사, 이화여자대학교 박물관 소장.
원삼 밑에 입는 예복 상으로 웃치마라고 하였다. 녹원삼과 함께 조대비가 친가에 보낸 것이다.

소의, 염의

조선 초기부터 중기까지 내려오는 사서인(士庶人)의 여자 예복으로는 소의(宵衣)와 염의(袡衣)가 있다. 박규수의『거가잡복고(居家雜服攷)』에 사대부가와 서민의 여자 예복인 소의와 염의의 역사와 구성이 자세히 나타나 있어서 여기에 복원한 것이다.

소의는 여자의 예복으로 검정색 거죽에 안감은 흰색으로 되어 있다. 대대는 검정색의 홍색으로 선을 둘러서 앞으로 길게 늘였고 가운데는 오색으로 짠 조대(組帶)가 있다. 양옆에는 장신구로 큼직하게 매듭을 하고 생활에 필요한 거울이나 송곳 등을 매달았는데 이는 부모님이 찾으시면 곧 대령하기 위함이라고 한다. 뒤에는 후수를 달고 머리는 다리를 넣어 빗어 올린 얹은머리에 검정사로 만든 '사'라는 쓰개를 얹고 비녀를 꽂는다. 대대를 하고 폐슬과 후수를 달고 장신구를 양쪽에 단다. 그리고 검정색 신을 신는다.

염의는 소의 위에다 배자를 입고 머리에는 족두리 비슷한 관모에다 비녀를 꽂는다. 염의는 혼인 때는 단에 홍색 선을 둘러서 입고 예식이 끝나면 단을 떼고 평상 예복으로 사용한다.

118. 소의 패용 노리개

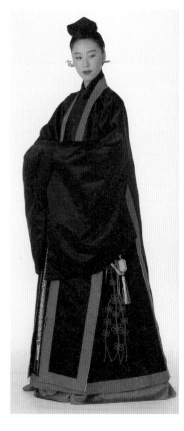

119. 소의, 재현품

120. 염의, 재현품

예복 치마

우리 선조의 미감이 세계 어디보다 더 뛰어났음을 알려 주는 치마가 발굴되어 단국대 석주선 기념 민속박물관에 소장되어 있다. 19세기에 서양에서 유행한 밧슬 스타일(bustle style)이 이미 우리 나라에선 16세기에 이루어졌던 것이다. 놀라움을 금할 수 없다. 이 시기의 특수한 치마형은 열 점이나 알려지고 있다. 또 앞으로 발굴될 수도 있을 것이다. 여기서는 두 점만 소개하고자 한다.

121. 재현품

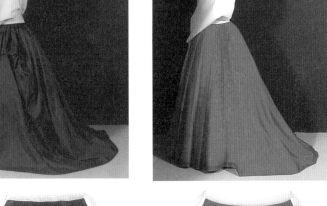

122-1. 원주 원씨 치마 주름

122. 숙부인 원주 원씨 스란치마, 16세기
앞길이 104cm, 뒷길이 127cm, 폭 603cm
석주선 기념 민속박물관 소장.
숙부인 원주 원씨(原州元氏) 치마는 치마 길이가 127cm이고 폭은 9폭으로 폭 둘레가 603cm이다. 보통 치마와 같이 폭을 붙여서 제단을 하고 중앙 폭 3폭 상부에 17cm(34cm)에 덧주름을 잡아서 시접으로 2cm가 들어가면 앞길이가 32cm 짧게 된다. 양옆도 주름을 잡아서 허리를 단다. 얼마나 기발한 아이디어인가. 환성이 저절로 나온다.

123-1. 은진 송씨 치마 주름

123. 정경 부인(1509~1580) 은진 송씨 의례용 치마
앞길이 98cm, 뒷길이 126cm, 폭 496cm,
석주선 기념 민속박물관 소장.
정경 부인 은진 송씨(恩津宋氏) 치마는 홀치마가 세 점 있는데 모두 특별한 방법의 치마이다. 그 하나를 보면 치마폭은 8폭으로 되어 있고 폭의 둘레는 496cm로 안단은 이색으로 선단을 대었다. 요즘 보통 입는 치마폭의 배가 넘는 폭이다. 8폭 중 왼쪽 세 폭, 앞 중심폭 세 폭, 오른쪽 두 폭으로 하는데, 중심 세 폭은 밟히지 않을 정도의 길이인 98cm로 하고 양쪽 폭의 길이는 126cm로 말라서 폭을 연결한다. 이때 3폭과 4폭, 6폭과 7폭은 길이가 같지 않으므로 그 차이 정도를 접어서(다트) 폭을 연결한다. 그리고 주름을 잡고 허리를 단다. 양옆은 여유분이 자연스럽게 불룩불룩 내려가서 재미있는 볼륨을 보여 주어 더욱 여유 있어 보인다.

저고리

조선시대 초기 저고리는 품이 넉넉하고 화장과 길이가 길다. 유물로 남아 있는 저고리는 1450년대 석주선 기념 민속박물관 소장 원주 원씨 저고리가 있다. 조선 중기가 되면서 저고리는 등길이가 짧아지고 있다. 연대가 내려갈수록 더욱 짧아지는데, 화장은 조선 초기와 마찬가지로 여전히 길다. 이것도 손을 가리기 위한 것이라고 본다. 그러나 배래는 직선이던 것이 수구를 약간 좁힌 곡선이 되었다. 깃은 목판깃이던 것이 이때와서는 당코 형식의 깃이 되었다.

고름의 너비는 좁으나 전보다 길이는 다소 길어졌으며 일반적으로 단소화 경향을 나타내고 있다.

124. 초기 저고리, 1560년대, 등길이 66cm, 화장 60cm, 품 51.5cm, 국립민속박물관 소장.
조선 초기 저고리의 예로 제2대 정종의 부마인 박인(朴寅)의 5대 손부 안동 김씨의 수의다. 저고리 길이가 40cm이고 옆이 아래로 퍼지고 무를 달았다. 소매는 직배래이며 깃은 겉깃과 안깃이 다같은 모양이다. 도련은 매우 곡선적이다. 섶은 아래로 많이 넓어져서 여밈이 깊어진다. 깃, 수구, 곁막이, 섶이 다같은 자색으로 되어 있다. 고름은 떨어졌지만 자색이었으리라 생각된다.

125. 누비 저고리, 17세기, 단, 길이 58.5cm, 화장 77cm, 누비폭 0.7cm, 마석 출토, 이화여자대학교 박물관 소장

126. 누비 저고리, 17세기, 명주, 길이 58cm, 화장 75.5cm, 마석 출토, 이화여자대학교 박물관 소장.
17세기 손누비저고리로 깃은 자주색의 목판깃에 당코로 되어 있고 자색 곁마기에 작은 삼각형 무가 달려 있다. 도련은 같은 자색으로 가늘게 선을 둘렀고 거들지를 달고 있다. 고름은 좁고 짧아 실용성을 나타내었다. 동정이 있다.

127. 당코깃 저고리, 18세기, 봉황문 단, 길이 59cm, 화장 75.3cm, 워커힐 출토, 이화여자대학교 박물관 소장.
조선 중기의 저고리로 고름은 아직까지도 좁고 짧으며 곁막이도 작은 편이다.

128. 완산 최씨 당코깃 저고리, 18세기, 명주, 길이 57cm, 화장 74cm, 워커힐 출토, 이화여자대학교 박물관 소장.
18세기의 완산 최씨 저고리이다. 깃과 섶, 그리고 곁마기와 수구는 같은 금직감으로 되어 있고 역시 작은 무가 달려 있다. 앞섶이 다소 다른 것보다 넓어서 여밈이 깊다. 수구가 다소 좁아졌고 고름은 짧고 좁다. 약 2cm 너비에 20여 cm 길이 정도이다. 무늬는 국당초·봉황이다.

129. 당코깃 저고리, 18세기, 운보문 단, 길이 56.5cm 화장 75cm, 이화여자대학교 박물관 소장.
옆에 곁마기가 없으면서 옆선이 벌어지지 않고 곧게 내려가고 있다. 무는 달려 있다. 저고리 길의 무늬는 운보문(雲寶紋)이고 깃과 끝동은 목단무늬이다. 왕실 계통 유물이다.

남치마 · 옥색 저고리, 천담복

일제 탄압 하에 들어가면서 왕실에만 원삼과 당의를 허용하고 그 외는 못입게 하였다. 대신 평상복이던 남치마에 옥색 저고리를 예복화하도록 지시가 내려졌다. 그리하여 평상복에 족두리를 얹어 예복으로 입게 하였다고 한다. 우리 나라 예복에는 한삼이나 거들지가 달려 있어 수구에 흰색을 대는 것은 예복이라는 표식이 되어 왔다. 조선 말엽에 예복을 갖추지 못할 때는 저고리에 거들지를 달아서 예복이라는 상징성을 나타냈다. 혼인하는 색시도 다홍치마 연두저고리에 거들지를 달고 머리에는 족두리를 쓰고 손에는 수건을 늘였다.

천담복은 의례적인 옷으로 연옥색 치마 저고리를 말한다. 제삿날 또는 제사 올릴 때, 대소가에서 상사를 당했을 때는 천담복을 입었다. 최근에도 문상이나 또는 대소가 제사에 참례할 때는 천담복을 입으면 예의바르고 깨끗하다. 천담복은 무늬가 없는 것이 조촐해 보여서 좋다.

130. 남치마 옥색 저고리, 재현품.
국말 조상께 제사 지낼 때 여자가 입는 예복

131. 조선 말 예복, 재현품.
남치마에 옥색 저고리로 저고리 길이가 한창 짧아 치마 허리가 보일 정도이다.

132. 천담복(옥색 치마 저고리), 재현품.
국말 조상께 제사 지낼 때 여자가 입는 한복

말군(襪裙)

조선 초 부인이 나들이할 때는 조롱말을 타고 면사(面紗)를 하고 말군을 하고 다녔다고 문헌에 나와 있다. 그러나 번거러워서였는지 잘 지켜지지 않은 듯하다. 아무튼 말군이 부녀복 중 존자(尊子)의 옷으로서 중요한 위치를 차지하고 있었음을 알 수 있다.

말군의 형태는 성종조에 펴낸 『악학궤범(樂學軌範)』에서 그 형태를 뚜렷이 볼 수 있다. 그것은 통넓은 가랭이가 있는 바지형으로 뒤가 터져 있고 허리끈 외에도 어깨끈이 하나 더 달려 있다.

아래의 도판은 이것을 보고 만들어 본 복원품이다. 치마 위에 입어도 부리만 오므리면 충분히 너그러워 입고 말을 타면 편안하고 옷이 펄럭이지 않아서 편했으리라 생각된다.

133. 말군, 악학궤범 권9

134. 말군, 복원품, 이화여자대학교 박물관 소장

135. 신윤복, 혜원풍속도첩 중 연소답청(年少踏青), 부분, 지본담채, 간송미술관 소장

136. 작자 미상, 회혼례도, 부분, 견본채색, 국립중앙박물관 소장

3. 서민 일상복

유명한 신윤복의 풍속화에는 무엇보다도 여인들이 입고 있는 옷 맵시가 잘 나타나고 있어 여기서 알아 보고자 한다. 이내들은 아마도 기녀에 속하는 것으로 보이는데 그러기에 다소 과장된 면도 있는 듯도 하다.

치마는 매우 풍성하고 속옷을 잘 받쳐 입었음이 잘 나타나고 있다. 요즘에는 명주 치마라고 하면 폭 약 35㎝ 정도로 7폭 치마를 하는 게 보통인데 이 당시에는 명주 폭이 40㎝ 정도로 넉넉하였으리라고 생각되며 평상복으로는 12폭은 한 듯하다. 저고리는 길이도 짧고 소매통이 매우 좁으며 깃이 밭고 고름이 작다.

이 시대의 유물로 청연군주의 저고리가 국립중앙박물관에 있다. 이와 거의 같은 시기의 옷매무새를 보여 주고 있는 회갑 잔치 그림이다. 신윤복의 풍속화는 화사하고 아름다운 분위기를 내고 있고 여기서는 점잖은 기품 있는 모습을 보여 주고 있다.

쓰개치마, 장옷, 천의

쓰개치마나 장옷은 내외하기 위하여 즉, 얼굴을 가리기 위하여 쓰던 것이다.

쓰개치마는 평상시에 입는 치마와 같은 것으로 주로 연옥색 옥양목 치마를 방 한구석에 걸어 두었다가 이웃간의 대소가에 갈 때 손쉽게 머리에 쓴다. 치마허리 로 얼굴 둘레를 두르고 손으로 속에서 잡아 쥔다. 개성 지방에서는 쓸치마라고 하 여 특별히 옥양목이나 명주로 계절에 따라 겹이나 솜을 두어서 사용하였다고도 한 다. 그리고 허리 길이를 얼굴 둘레 정도로 하여 손에 쥐도록 짧게 하고 주름을 폭 폭 잡아서 쓰면 맵시가 났다고 한다. 주로 반인 계급 부녀들이 착용하였다.

137. 쓰개치마, 신윤복, 월하정인 (月下情人), 부분, 지본담채, 간송 미술관 소장

장옷은 형태가 두루마기와 비슷하며 초록색 무 명이나 명주로 만들고 안은 자주색을 사용하였 다. 수구에는 거들지를 달았고 앞은 여미어지도 록 아래에는 맺은단추를 두세 개 달고 위에는 고 름을 대층이 되게 이중 고름을 달았다. 즉 한쪽 의 겉색 고름과 안감색 고름으로 겹쳐서 양쪽에 단 것이다.

천의는 거죽은 홍색으로 안은 초록으로 솜을 두어서 머리에서부터 쓰는 방한용으로 노동하는 여자들이 사용하였다. 소매는 없고 길이는 어깨 를 내려 와서 일정치 않았다.

138. 천의, 문화재대관. 장옷보다 길이가 짧고 소매가 없으며, 다홍색에다 연두색 안을 두고 솜을 넣었다.

139. 장옷을 접어 머리에 이고 있는 여인, 김홍도, 풍속화첩 중 점괘, 부분, 지본담채, 국립중앙박물관 소장

140. 장옷, 신윤복 풍속도 중에서 장옷 쓴 모습

141. 천의를 쓴 모습

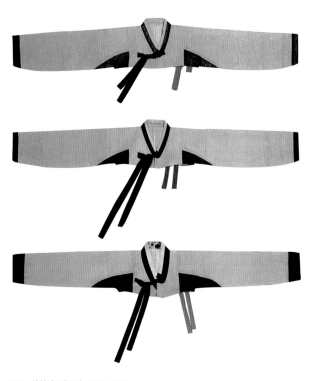

142. 삼회장 저고리, 1900~1910
년, 길이 15.5cm, 16cm, 16.3cm
화장 56.5cm, 68.5cm, 59cm
이화여자대학교 박물관 소장

저고리

조선 말 1900년경이 가장 저고리 길이가 짧아지는 시기였다. 겨드랑이 밑이 약 1cm로 살을 가리기 어려울 정도였는데 극단적인 것은 겨드랑이 밑으로 내려오지 않고 배래선에서 그대로 도련선으로 연결되는 것도 있었다. 그리고 당코깃의 깃 궁둥이가 목판깃에서 동그랗게 변하였다. 곁마기는 높이도 그 길이의 약 1/3 정도가 되었고 너비도 소매 쪽으로 뻗어나갔지만 옆선에서 수구까지의 1/3~1/4 정도 작게 해야 맵시 있는 저고리가 된다. 입어서 보일까 말까 하는 정도가 가장 아름답게 보인다. 고름은 다소 넓어지면서 길이도 길어졌고 장식적으로 되었다. 끝동도 조붓하여 팔이 길어 보인다. 다홍, 분홍의 안고름은 약간만 보일 정도로 한다. 저고리가 작기 때문에 여유스럽지는 못한 듯하나 풍성한 치마가 받쳐 주기 때문에 여성스럽고 아담하다.

이 삼회장 저고리는 유물로서 노랑 삼회장 저고리와 두록색 삼회장 저고리·옥색 삼회장 저고리로 가장 흔히 입는 색이다. 이 시대 이후로는 다시 저고리 길이가 길어진다.

여아 돌옷

143. 여아 돌옷, 한국여속 사진첩

돌이 되면 다홍치마를 입히고 노랑 저고리에 색동을 해준다. 그리고 거기에 홍색 회장을 한다. 엄마의 솜씨 자랑이라도 하듯 수도 놓고 겉섶은 삼각 조각을 모아서 해주기도 한다. 속치마는 거의 노랑색으로 하고 바지는 분홍색 풍차바지로 한다. 버선은 타래 버선으로 손으로 누벼서 곱게 수놓아 아기자기하게 한다. 신은 비단신 즉 마른신을 준비하고 머리에는 굴레를 만들어 씌운다. 여기에도 엄마의 재주대로 수도 놓고 정수리에는 패물도 붙여 준다. 굴레는 어려서는 남녀 구별 없이 씌운다. 굴레는 기호 지방에서는 세 가닥으로 하고 북쪽 지방에서는 아홉 가닥으로 하여 방한용이 된다. 최근에 와서는 금박을 박은 조바위를 많이 씌운다.

4. 머리 장식

머리 모양

아래 그림은 조선 말엽의 머리 모양으로 대표적인 것이다. 어린아이는 머리가 짧기 때문에 땋을 수가 없어 다홍색 실을 넣어 바둑판같이 갈라 땋아 귀밑머리를 땋고 뒤로 묶어서 댕기를 드렸다. 머리에 따라 둘로도 혹은 넷으로, 여섯으로 가르기도 하여 종종머리라고 하였다. 뒤에서는 묶은 머리 위에 작은 끈으로 매어둔다.

출가 전에는 처녀의 표식으로 반드시 귀밑머리를 땋았다. 그리고 뒤로 합하여 세 가닥으로 땋아 내려 제비부리댕기를 드렸다.

조선 중기까지는 가체를 넣어 크게 얹은머리를 하였다. 이는 출가한 사람의 머리 모양으로 인모(人毛)로 가체를 하였기 때문에 무겁고 값이 비싸서 영조 때 많은 논란이 있었으나 실효를 거두지 못하였다. 정조대에 와서도 폐단이 매우 심각하여 가체(다래) 금지령을 내렸으나 완전한 실시는 보지 못하고 순조 중엽에 와서야 완성된 듯하여 궁중의 머리 모양인 쪽으로 바뀌었다. 그러나 쪽진머리에 장식품을 많이 사용하여 사치는 여전하였는데, 즉 족두리, 화관 등 비녀 뒤꽂이에 많은 패물을 사용하였다.

144. 종종머리, 한국여속 사진첩   145. 귀밑머리, 한국여속 사진첩   146. 쪽머리, 한국여속 사진첩   147. 쪽머리, 한국여속 사진첩

148. 떨잠, 한국여속 사진첩

비녀, 뒤꽂이

영 · 정조를 거치면서 순조대에 일반인들도 궁중 양식인 쪽머리 사용이 결정되었다. 그 이후 비녀와 뒤꽂이 · 족두리 · 화관 등이 다양하게 사용되었다.

우선 왕비용의 용잠(龍簪)은 민간에게 혼인날만은 사용을 허락하였다. 그 외에 겨울에는 금 · 은 비녀를 쓰고 봄 가을에는 비취 · 옥 · 산호 등 갖은 패물로 아름답게 가공을 하였다.

뒤꽂이는 쪽의 위아래로 꽂는 것으로 비녀와 같이 갖은 패물을 쓰기도 하였으나 서민은 은에 칠보를 한 실용성도 겸한 것을 서너 개 꽂아 아름답고도 정겨운 모습이었다.

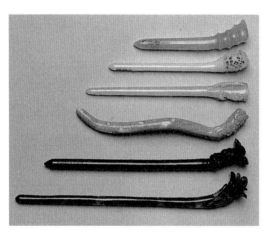
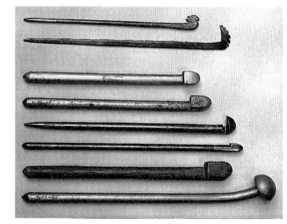

149. 비녀, 19세기 말-20세기 초, 길이 10.5-21.5cm, 16.2-31.5cm, 이화여자대학교 박물관 소장

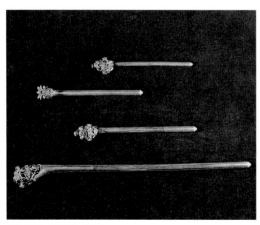

150. 비녀, 한국여속 사진첩

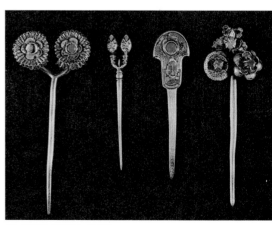

151. 뒤꽂이, 한국여속 사진첩

쓰개류

조선시대에는 여자들의 외출이 거의 없었으므로 필요하지 않았으나 조선 말엽이 되면서는 보온용으로도 사용하고, 한 여름을 빼고는 오히려 의식용으로 쓰개가 사용되어졌다. 조선 말엽에 생긴 아얌을 보아도 알 수 있는데 이는 혼인하는 색시가 의식용 기구를 구비하지 못했을 때 아얌을 빌려서 사용하기도 하였다. 또 할머니들이 잔치집에 가실 때도 맨머리로 가지 않고 조바위나 남바위를 쓰고 가신다고 한다. 남바위나 풍차는 방한용으로도 많이 사용되었으나 아얌이나 조바위는 예의를 갖추기 위하여 중요한 역할을 해왔다.

굴레는 돌을 맞이한 아이가 많이 쓴다 하여 돌모자라고도 하는데 4, 5세까지의 남녀 어린이가 착용했다.

153. 남바위, 이화여자대학교 박물관 소장

152. 조바위, 1920-30년대, 공단·화문단, 이화여자대학교 박물관 소장. 개화기 이후 여성들의 외출이 잦아지면서 생겨난 쓰개이다.

154. 굴레, 19세기 말-20세기 초, 이화여자대학교 박물관 소장

155. 풍차, 19세기 말-20세기 초, 길이 39.4cm, 지름 21cm, 대화단, 이화여자대학교 박물관 소장. 볼끼가 달려 있는 것은 풍차, 볼끼가 없는 것은 남바위라고 한다.

156. 아얌, 19세기 말-20세기 초, 모체: 높이 11.5cm, 지름 27.7cm, 댕기: 길이 123.8cm, 폭 18.5cm, 쌍용문단, 이화여자대학교 박물관 소장. 정수리가 트였으며 귀와 뺨을 덮지 않게 조붓하게 만들었다.

157. 옥 단작 노리개, 이화여자대
학교 박물관 소장

5. 장신구

노리개

　노리개는 저고리나 당의 고름 위에 또는 안고름에 매어 달기도 하고, 큰 것은 원삼이나 활옷의 띠에 걸어서 늘인다. 그 모습은 단조로운 우리 옷에 화사하고 품위 있는 아름다움을 한층 더 강화해 주었다. 그러면서 소원하는 바의 상징성을 담은 갖은 노리개를 늘여 소원을 이루고자 하는 염원을 나타내기도 하였다.

　아들을 원하는 사람은 고두쇠 또는 도끼를 노리개로 차기도 하고 딸이 있으면 딸에게도 남동생 보라고 채워 주기도 하였으며 또 벼개 속에 넣어 잘 때도 늘 지니고 기도하는 마음을 잃지 않았다. 그리고 노리개는 재산 밑천이 되기도 하였고 혹은 대대손손 물려 주는 가보가 되기도 하였다.

　노리개에는 삼작(三作) 노리개가 있고 단작(單作) 노리개가 있다. 삼작 노리개는 세 개를 한 데 묶은 것으로 형태는 같으나 재료가 다른 것도 있고 재료는 셋이 같으나 형태가 각기 다른 것도 있다. 삼작 노리개는 의식용이기도 하나 단작 노리개는 집에서도 쓸 수 있고 가벼운 외출시에도 사용하였다. 삼작에는 대삼작·중삼작·소삼작도 있어 크기에 따라서 분별하였다. 항간에는 오작, 육작도 있으나 이것은 옛사람들이 흐트러지지 않도록 묶어 놓은 것이지 그대로 차지는 않았다.

　노리개는 띠돈에 엮어서 차는 법이다. 삼작은 세 개를 띠돈에 엮고 단작은 띠돈에 한 개를 엮어서 저고리 고름을 매고 그 밑에서 위로 올려 고름 매듭 위에 앉게 한다. 그러면 노리개가 처지지도 않고 더 한층 아름다움을 보여 준다.

158. 호랑이 발톱 단작노리개, 한국여속 사진첩

159. 대삼작노리개, 19세기 말~20세기 초, 길이 32cm, 이화여자대학교 박물관 소장

160. 투호 삼작노리개, 한국여속 사진첩

반지

보통 굵기의 반지는 누구든지 낄 수 있었으나 굵은 것은 하나의 재산 밑천으로 장롱 바닥에 간직하였다가 급할 때 돈으로 바꾸어 쓰기도 했다. 굵다는 것은 끼웠을 때 손을 오므릴 수 없을 정도를 말한다. 주로 은반지를 가장 많이 꼈고 은에 칠보한 것도 많이 있었다.

반지에는 두 개로 되어 함께 끼는 가락지가 있었는데 이는 주로 기혼녀가 많이 썼으며 옛날에 남편이 싸움터에 나갈 때 이 가락지 한 짝을 주어서 표식으로 하기도 하였다고 한다. 한 개로 된 것 또는 두 개를 붙여서 하나로 한 것도 많이 사용되었다.

이외의 상류층에서는 계절에 따라 반지를 사용하였는데 유물도 많이 눈에 띈다. 비취·옥·밀화·금파·금·은 등이 있으며 계절에 맞추어 옷에 맞추어 그리고 기분에 맞추어 멋과 즐거움을 누리었다고 생각된다.

헌종 후궁 경빈 김씨의 『사절복색자장요람』에서 보면 10월부터 정월(正月)까지 즉, 한겨울에는 금반지를 끼고 2월에서 4월은 은 칠보 반지를 끼고 5월 단오부터는 옥가락지나 마노 반지, 8월에는 칠보 반지를 끼고 9월까지 계속된다고 하였다. 여름에는 금을 못 끼고 겨울에는 옥을 못 끼며 춘추에는 옷에 따라 마음대로 쓴다라고 되어 있다.

161. 가락지, 바깥 지름 3cm, 국립민속박물관 소장

주머니

우리 나라 주머니의 역사는 삼국시대부터 남아 있고 고려시대에도 금향낭(錦香囊)을 즐겼다는 기록이 있어 매우 애용되어 왔음을 알 수 있다. 우리 옷에는 주머니가 없었기 때문에 아마도 실용성과 장식성을 겸하였던 게 아닌가 생각된다. 조선시대에도 남녀 모두 주머니를 애용해 왔다. 궁중에서는 다분히 장식적인 것이었고 일반 백성은 실용성이 더 컸을 것이다.

주머니는 크게 나누어 주머니의 둘레가 둥근 염랑(두루주머니)과 양옆이 모가 진 귀주머니가 있다. 주머니에는 각색 비단의 수를 놓고 술띠로 엮어 차게 되어 있는데 다양한 수의 도안에 따라 이름도 달라지고 신분을 가리기도 했다고 한다. 특히 궁중 주머니〔宮囊〕에는 주로 왕의 것은 용무늬, 왕비의 것은 봉황무늬를 수놓았다. 또 오방(五方)을 상징하는 오방색으로 만든 주머니도 있어 오방낭이라 하였다.

궁중에서는 임금님이 정월 첫 해일(亥日)에 궁 내는 물론이고 종친에게까지 주머니를 하사한 것을 알 수 있는데 이 주머니 속에는 볶은 콩 한 알씩만을 넣었다고 한다. 이 주머니를 차면 일년 내내 만복을 받는다고 한다.

162. 금장식 두루주머니, 뒷면, 높이 10cm, 너비 11.5cm, 고궁박물관 소장. 사진출처: 김영숙

163. 오방낭자주머니(복원품), 11×9cm, 국립민속박물관 소장   164. 귀주머니, 19세기 말-20세기 초, 이화여자대학교 박물관 소장

165. 왕손용 주머니 왼쪽부터 수약낭·두루주머니·귀주머니, 길이 10-21cm, 고궁박물관 소장. 사진출처: 김영숙

6. 신

조선 말엽의 여자 신발에는 궁혜(宮鞋)·당혜(唐鞋)·운혜(雲鞋)·징신·미투리·짚신·나막신 등이 있었는데 그 재료로는 가죽·비단·마·짚·나무를 사용하였다. 궁혜나 당혜, 운혜는 같은 모양으로 안쪽에는 융 같은 푸근한 감으로 하고 거죽은 여러 색으로 화사하게 백비하여 만들었으며 바닥은 가죽으로 하였다. 궁혜는 궁중용이며, 신코와 뒤꿈치에 당초문을 놓은 것은 당혜이고, 코와 뒤꿈치에 구름무늬를 놓은 것은 운혜라고 하며 상류층에서도 이를 신었다.

징신은 가죽을 기름에 절여서 만든 것으로 바닥에 징을 둘러 박고 있다. 이것도 상류층의 신이다. 미투리는 삼[麻]으로, 짚신은 짚[藁]으로 만든 것인데 미투리는 곱고 짚신은 거칠었다. 말엽에는 삼이나 짚을 이용하여 곱게 짜서 모두 미투리라고도 하였다. 이는 서민용이다. 나막신은 비신으로 나무를 파서 굽을 댄 것인데 여자들의 외출이 없었으므로 별로 사용되지 않았을 것이고 심부름하는 사람이 신었을 것이다.

166. 당혜, 국립민속박물관 소장

167. 운혜, 국립민속박물관 소장

168. 징신, 19세기 말-20세기 초, 이화여자대학교 박물관 소장

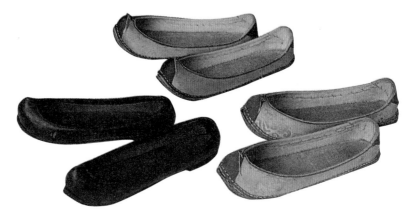

169. 마른신·흑피혜, 19세기 말-20세기 초, 이화여자대학교 박물관 소장

제5장   개화기 및 일제강점기 복식

개화기는 엄격히 구분하면 일본과 강화도조약을 맺은 1876년부터 1910년 한일병합조약까지로 볼 수 있으나, 일반적으로 일제강점기까지를 포함해 1945년까지를 일컫는다. 개화기는 선진 외국의 문화를 받아들여 재래의 것과는 다른 문화를 만들어냈던 시기이며, 전통 사회에서 근대 사회로 넘어가는 시기일 뿐만 아니라, 개화 사상 등이 민중세계의 의식 수준이 향상되는 가운데 외국 문물이 유입되어 우리의 전통적인 이념과 가치관에 획기적 변화를 일으킨 시기이기도 하다. 개화파 지식인들과 위정자들의 개국(開國)의 의지는 갑신정변(1884년)을 통해 적극 반영했으나 결국 패하였다. 이때 복식의 개혁도 시도하였으나 충분한 설득력이 없어 많은 유림과 백성들의 심한 반대에 부딪쳤다. 그나마 청년들의 개화 사상에 동조했던 고종은 흑단령(黑團領) 착용 및 광수(廣袖) 폐지만을 고집하게 되었다.

1876년 병자수호조약 체결 이후 서양 문물이 들어오면서 전통 한복 문화에서 한복과 양복의 혼용으로 넘어가는 변화를 겪게 되었다. 차림새가 이렇게 바뀌게 된 것은 서양문물 도입으로 활동성 있는 의복을 찾게 되었고, 전통한복을 개량한 양복, 파마 등이 혼용되어 유행하기 시작했다. 또한 신문이나 잡지의 광고를 통하여 양장·양산·하이힐 등이 대중들의 관심을 불러일으켰고, 자연스럽게 유행이 되었다. 근대에 접어들어 생활의 변모와 함께 정착한 서양식 옷차림은 편리함과 다량생산에 힘입어 급속도로 확산되었다. 점차 한복은 양복에 일상복의 자리를 내어 주어야 했으며, 집에서 손수 지어 입던 것과 달리 시장에서 옷을 사서 입었다. 옷 모양의 변화에 따른 유행은 어느 시대에나 있어왔지만 복식의 유행 열풍이 사회의 이목을 집중시켰다. 1937년에 중·일전쟁 이후 특히 의복에 있어서 그 어느 때보다도 실용성이 강조되어 1939년부터는 몸뻬와 현재의 간호복과 같은 간단복(簡單服)이 등장하였고, 1941년 태평양 전쟁으로 인하여 1940년대에는 전시복으로 스커트 대신 몸뻬나 바지를 착용하였다. 제1차 세계대전 이후 세계는 경제 불황을 맞이하였으며, 우리 나라는 경제적인 어려움으로 흰 옷보다는 색이 있는 옷이 장려되었다.

I. 남자 복식

1. 관복

　　조선시대의 500년의 복식 역사를 더듬어 볼 때, 특히 남자 관복은 매우 복잡했다. 이것은 봉건 국가에서의 상하 · 존비 · 귀천의 등위를 구별하기 위해서라고 볼 수 있다. 그러나 우리 나라는 1876년 강화도 조약으로 문호를 개방하게 됨으로써 정치, 경제, 사회, 문화 전반에 걸쳐 일대 개혁을 단행하여 복식에서도 서구화와 간소화가 시작되었다.

　　고종에 의해서 복식의 개혁이 일어나 갑신의복개혁 때 신분의 구별없이 모두 두루마기[周衣]를 입었고 색도 검정색으로 통일되었다. 관리의 복식도 상복, 시복이 흑단령 하나로 통일되었으나 대례복과 소례복(그림1)의 구별은 있었다.

　　1897년 대한제국 성립시 임금의 제복인 면복이 12류면 12장복으로 바뀌었다. 백관복은 문관은 흑단령 하나로 통일되어 소매의 넓이로 대례복, 소례복을 구별하였으며, 공복의 복두가 없어지고 사모만 남았다. 무관의 복식은 문관보다 먼저 양복으로 바뀌어 1895년 군인들의 복장이 양복으로 바뀌었다.

　　관복은 계속 간소화되었으나, 고종 32년 복식 제도는 외국 제도를 채용하여도 무방하다고 하고 단발령을 내림으로써 서양 복식과의 이중 구조를 갖게 되었다. 그리하여 1899년 외교관의 복식을 서양화하고, 문관의복규칙을 제정하여 구미식 관복으로 바꾸었다. 1900년에는 백관복으로 대례 · 소례복인 단령이 양복으로 바뀌어 대례복으로는 영국의 궁중 예복을 모방했고(그림2) 소례복으로는 연미복을 착

1. 소례복, 소매통이 좁은 단령, 국립민속박물관 소장

2. 대례복, 복장개정령에 따른 서구식 황제복, 1898년

3. 연미복, 서울여자대학교 박물관 소장. 혼례복으로 입었던 것이다.

용했으며, 개화기 이후 소례복인 연미복(그림3)은 혼례 때 입었다.

갑작스런 복제 개혁은 복식의 혼용으로 나타났는데, 이러한 가운데 우리 한복도 완전히 자취를 감춘 것은 아니고 1940년대까지는 나름대로 간소화되면서 사용되었다.

2. 일반복

1) 저고리, 두루마기, 조끼, 마고자, 적삼

남자의 저고리는 여자 저고리의 길이가 짧아졌다 길어졌다 한 것과는 달리 별 변동없이 조선말의 형태를 그대로 유지하였으나 속적삼은 1920년대에 서양식 셔츠가 들어와 이로 바뀌었고 이후에 자취를 감추었다.

이때 새로 등장한 것이 마고자(그림4), 조끼(그림5)이다. 조끼는 우리 고유의 복식에는 없었으나 양복이 들어오면서 양복의 조끼를 본떠 만들어 입게 되었다. 마고자는 저고리 위에 덧입는 옷으로 마괘(馬褂)라고도 하나, 마괘와는 형태도 다르고, 예전부터 있어왔던 대금(對襟)형의 우리의 옷 가운데 한 가지이다. 대원군의 마괘 착용 이후 유행하였고 조선시대 말부터 마고자라고 불렸다.

두루마기는 사방이 두루 막혀 있다는 뜻에서 나온 말로 삼국시대의 기본 포가 조선시대까지 계속 입혀지면서 여러 가지 다른 포의 영향을 받아 만들어진 것이다. 기본 포의 형태에서 통일신라시대 무렵 무도 생기고 목판깃이 되었으며 고려 말기에 섶의 여밈이 깊어지고 옷고름이 생겨 현대의 두루마기 형태가 갖추어졌다. 상류층의 방한용 혹은 겉옷의 받침옷으로 착용했고, 노보나 소매 넓은 포를 착용하지 못하는 상민계급에서는 겉옷으로 착용하였다. 1884년 갑신의복개혁 때 사복은 귀

4. 마고자, 국립민속박물관 소장

5. 조끼, 국립민속박물관 소장

6. 두루마기, 영왕 옥색 두루마기, 고궁박물관 소장

천을 막론하고 좁은 소매로 하고 넓은 소매인 도포·직령·창의·중의를 폐지하고 두루마기를 입게 했으며, 10년 후에는 진궁통상예복으로 승격하였다. 1895년 3월에는 왕관민이 동일한 의제인 흑색 두루마기를 착용하게 하였는데, 이것은 의제상으로라도 구별이 없고 같음이요, 또한 편의를 위함이라고 내부고시로 밝혔다.

두루마기(그림6)는 양복에서의 외투와 같은 역할을 하였으나, 겨울뿐 아니라 사계절을 입게 되어 아무리 더운 여름철이라도 맨저고리, 바지 차림으로는 다닐 수 없었으며 반드시 두루마기를 입고 외출하였다.

적삼은 주로 여름용 간이복으로 서민들의 웃옷이었다. 우리 옷에 조끼가 도입되면서 조끼의 장점인 호주머니를 곁들여 편리한 옷이 되자 일반화되었다.

2) 바지

남자의 평상복인 바지와 저고리는 별다른 변화 없이 사용되었고, 고의는 적삼과 함께 여름용으로 일하는 데 편리하도록 만든 것이다. 내의에 속하는 속고의는 '셔츠'와 '팬츠'가 들어오면서 점차 사라졌다. 대님은 그대로 쓰였으나 행전은 교통이 편리해지면서 그 필요성이 줄어들자 자연스럽게 사라졌다.

7. 누비 토시, 겨울용, 국립민속박물관 소장

8. 등토시, 여름용, 국립민속박물관 소장

9. 말총 토시, 여름용, 국립민속박물관 소장

3) 토시

토시는 겨울에는 방한용으로 털을 대거나 누벼서 사용하였고(그림7), 여름에는 저고리 소매 안쪽에 땀이 배지 않고 시원한 바람이 들어가도록 등토시(그림8)나 말총 토시(그림9)를 사용하였다. 토시는 갑오개혁(1894년) 이후부터 외래품 장갑이 들어오면서 차츰 자취가 사라지기 시작하였다.

4) 신

양말이 들어온 후에도 나이든 사람은 한복에 꼭 버선을 신었고, 일반인은 버선과 양말을 혼용하여 신었다. 갑오개혁 이후 문무 관복은 양복과 더불어 구관복에 소용되었던 흑피혜, 협금혜, 목화 대신 각종 갓신과 진신, 짚신, 미투리, 나막신이 일반화되었다. 갑오개혁 이후에는 개화 짚신이라고 불리우는 '혼직 초혜(짚과 삼을 섞어서 짠 신)'가 유행하였다. 그후 1920년경부터 우리 신을 본떠 만든 고무신이 나오게 되어 갓신, 진신, 나막신을 대신하게 되었다. 한편 일부 부유층에서는 서양식 단화를 직접 신거나, 또는 이 단화와 우리의 신을 절충한 끈 없는 단화를 신고 멋을 내기도 하였다.

3. 두식(頭飾)

을미년(1895년) 단발령의 시행으로 망건의 사용이 폐지되고, 머리 모양도 일부 고루한 계층에서만 상투머리와 땋은머리를 하였을 뿐 거의 그 모습을 찾아볼 수 없었고 대신 '중머리' 또는 '하이칼라 머리'를 하게 되었다. 따라서 양관과 사모 같은 관모류는 없어지고 흑립(그림10)만이 오랫동안 착용되었다. 상투가 없는 맨머리에는 망건이 소용없기 때문에 탕건을 쓰고 그 위에 흑립을 썼다.

또한 일본 통치자들의 강요로 상투는 잘랐으나 그들이 쓰는 모자는 쓸 수 없다 하여 맨머리로 버티던 국민도 있었으나, 임금이 승하하자 맨머리로는 국상에 참여할 수 없어 백립과 비슷한 파나마 모자와 맥고 모자를 쓰게 됨으로써 우리 고유의 관모는 차츰 사라지고 파나마 모자(그림11), 맥고 모자(그림12), 중절 모자(그림13) 등이 나타나 전국적으로 일대 유행을 하게 되었다. 그리하여 우리 고유의 관모 대신 한복에 모자를 쓴 모습도 익숙해지기 시작했다.

방한용 난모도 여러 가지가 있었으나 남바위만이 노인들에 의해 오랫동안 착용되었고, 외출할 때는 남바위 위에 갓을 쓰고 다니는 모습을 볼 수 있었다.

10. 흑립, 국립민속박물관 소장

11. 파나마 모자, 국립민속박물관 소장. 파나마 풀의 잎을 가늘고 길게 잘라서 중절모와 비슷한 형태로 만든 여름용 남성 모자

12. 맥고 모자, 국립민속박물관 소장

13. 중절 모자틀, 중절모용 다리기, 국립민속박물관 소장

4. 양복

우리 나라에서 양복을 가장 먼저 착용한 사람들은 외국사절단, 외교관 등의 수행원으로 외국에 나가 그들의 문물을 자연스럽게 수용한 개화 인사들이다. 이때 개화 인사들이 착용한 양복은 1870년대부터 서양 남성들이 평상복으로 입던 색 코트(sack coat)였다. 남성들이 양복을 착용한 것은 관복에서 비롯되었다. 최초의 개혁은 1884년에 있었던 갑신의제개혁이었으나 당시에는 잘 시행되지 않다가 10년 후인 갑오개혁 때 다시 간소화가 시도되었다. 즉 1895년 4월에는 구미식 군복(그림 14)으로 육군복장규칙이 제정되었고(그림15, 16) 같은 해 8월에는 문관 복장이 간소화되어 반포되었다.

1899년에는 외교관의 복식을 양복화하였으며, 1900년에는 문관복장규칙이 발표되어 문관의 예복으로 양복을 입게 하였다. 1900년대에서 1910년대에 이르는 시기는 관복이 양복화되면서 상류층에서 양복을 입기 시작하였으나 가정에서는 일반인들과 같이 한복을 입었다. 1902년에는 한흥 양복점이 한인에 의해 처음 개설되었다.

1920년대는 양복의 확산기로 양복 착용이 크게 성행하였고, 두루마기 대신 양복에 스프링 코트와 오버 코트를 입었으며 셔츠, 넥타이, 모자, 구두, 지팡이, 회중시계, 넥타이핀 등의 장신구를 갖추었다. 1930년대에는 유학생들이 귀국하면서 양복이 급격히 널리 퍼졌고 중반 이후로는 풍성한 느낌의 볼드 룩과 상하가 다른 세퍼레이트 룩이 1920년대 이후 계속 유행하였다. 특히 짙은 색 상의에 흰 바지를 조화시켜 입는 것이 당시의 특징이었다. 후반기에는 각이 지고 딱딱한 군복풍의 양복이 등장하였다.

14. 보병부령 상복, 1900-1907년, 육군박물관 소장

15. 군의부위 예복, 1900-1907년, 육군박물관 소장

16. 구군복과 신식 군복을 입은 사람들

1940년 전후에는 한복과 양복을 절충하여 바지 저고리 위에 오버 코트나 망토를 입었으며 지방에서는 양복지로 만든 두루마기에 흰 동정 대신 비로드나 털을 달아 입기도 하였다. 한편 일본은 창씨 개명, 황국 신민화 등의 정책을 수행하면서 관리들과 교원들에게 일본 국민복(그림17) 입기를 강요하였다.

5. 남학생 복식

우리 나라 복식의 근대화가 뿌리를 내리도록 큰 역할을 한 학생 복식은 한복에서 양복 교복으로 전환되는 과정을 가졌다. 1910년대에는 머리의 변화가 먼저 왔으며 깎은 머리에 학생 모자를 쓰고 저고리나 바지를 입었고, 겨울에는 주로 검정 두루마기를 입었다. 고름 대신 단추를 달았으며, 학교의 표식으로 뱃지를 달기도 하였다. 1915년경부터 일반 사람 중에 양복 신사복을 입고 구두를 신고 겨울에는 오버 코트를 입게 되면서부터, 학생복에도 양복이 생겼으며 바지 · 저고리 위에 겨울에는 오버 코트를 입는 학생과 망토를 입은 학생(그림18)이 있었다. 그리고 각종 운동 경기에도 양복과 한복이 함께 착용된 것을 볼 수 있다.

1920년대에는 많은 학교에서 양복 학생복을 입게 되었다. 검은색이나 회색 등의 옷감으로 스탠드 칼라이며 앞에 단추가 5개 달린 모양으로 획일적인 학생복이었다. 양복바지의 무릎 아래에는 활동의 편이를 도모하기 위하여 행전이나 각반을 치고 다니기도 하였다. 남학생복은 여학생 교복의 양복화보다 10년쯤 빠르게 양복화되었으며, 여러 학교가 거의 같은 모양으로 배지와 모자, 단추에 표시된 학교의 상징만이 다를 뿐이었다.

1940년 전후에는 제2차세계대전의 시작과 진전(進戰)에 따라 전국의 학생은 전투 태세를 갖춘 옷차림으로 교련 훈련을 받기도 하였으며, 교사들은 국방색 모자와 국방색 양복에 각반을 친 전투복 차림을 했다.(그림19)

17. 남자 국민복, 재현품, 국립민속박물관 소장

18. 1930년대 양복 교복, 재현품, 국립민속박물관 소장

19. 1940년대 교복

II 여자 복식

조선시대 여성들의 활동은 가정의 울타리 안에 한정되어 있었으나 개화기에는 민중 계몽, 교육, 생활 개선과 향상 등으로 여성 복식에도 큰 변화가 일어났다. 즉 여성들의 활동이 보편화되면서 좀 더 간편한 형태로 복식이 변천되었다. 장옷이나 쓰개치마 같은 것이 사라져 얼굴을 노출하게 되었으며, 정부에서는 여자의 복식을 따로 제정하여 상하 의복을 한 벌로 하고 저고리의 길이를 길게 하여 겨드랑이의 살이 보이지 않도록 하라는 지시가 있었다. 저고리의 길이가 길어지면서 오히려 치마는 짧아져 짧은 통치마가 등장하게 되었고, 신분에 따른 의복의 차이도 사라져 치맛자락을 좌우로 구별하여 여미던 것이나 귀천에 따라 치마 길이를 다르게 하던 모습들이 점차 사라지게 되었다.

가정에서 벗어나 남녀가 동등하게 교육을 받고 사회 운동을 하는 신여성에게 한복은 거추장스러웠다. 그리하여 우리 나라 고유 복식과 중국 복식의 이중 구조 아래서 변천해 오던 것이, 이 시기를 계기로 양장의 등장과 더불어 그 간편함을 택하여 서양 복식과의 이중 구조로 변해 갔다.

1. 예복

조선시대 예복으로는 왕비의 적의를 비롯하여 활옷, 원삼, 당의와 이에 따른 스란·대란 치마, 그리고 예복용 속옷으로 입혀졌던 무지기·대슘 치마가 있는데, 이들은 개화기에도 그대로 존속하였다. 그후 한일합방과 함께 적의는 사라졌으나 원삼, 활옷 등은 전통 혼례식이나 수연(壽宴)에서 볼 수 있으며, 오늘날에도 그 풍습은 지켜져 오고 있다.

2. 평상복

평상복은 치마, 저고리, 버선, 신을 기본으로 하고, 여기에 속적삼, 단속곳, 바지, 속속곳, 다리속곳, 너른바지 등의 속옷을 한동안 그대로 입었다. 저고리 위에는 배자, 갓저고리를 방한용 또는 장식으로 덧입었고, 마고자와 두루마기를 입기도 하였다.

1) 저고리

개화기 초에는 전도부인들에 의해 저고리 길이가 차츰 길어졌으나, 일반 부녀자들은 오히려 짧아졌다.(그림20) 저고리 길이는 20cm 안팎이었고, 겨드랑이 밑도

1cm 정도로 매우 짧고 꼭끼는 형으로 이러한 경향은 1920년대까지 지속되었다.

1930년대를 전후로 저고리 길이가 다시 길어져 겨드랑이 밑이 7~8cm까지 내려갔고, 진동이나 소매 수구도 더욱 넉넉해졌으며, 특히 배래선이 뚜렷한 곡선을 이루었다. 또한 고름도 넓고 길어졌으며 동정도 넓어졌다.(그림21)

1940년대에는 저고리가 배꼽을 덮을 만큼 되었다가, 1950년을 전후해서는 차츰 또 짧아져 가슴 높이까지 올라갔으며 고름은 길게 달거나 브로치를 달기도 했다.

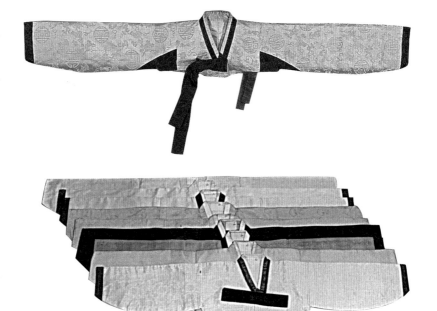

20. 1910년대 저고리, 숙명여자대학교 박물관 소장

21. 1930년대 저고리, 권영숙 소장

2) 치마

개화기를 통해 일반 부녀자들은 긴 치마를 입어 치마에 별 변화가 없었다. 다만 사회 활동을 하는 여성들의 치마 길이가 짧아졌으며, 외국 유학을 한 학생들 사이에서 짧은 통치마가 등장하여 점점 유행하였다.

1920년초에는 이화 학생들의 치마는 발을 덮을 정도였는데 그후 차츰 저고리가 길어지면서 치마는 무릎까지 올라갔다. 1930년대에는 세루가 한창 유행하여 치마와 저고리를 동색으로 만들어 입는 것이 유행했고, 1935년경부터는 저고리 길이가 다소 길어지면서 치마 길이도 많이 길어졌다.

일제 말기에는 학생이나 일반 부녀자 모두 치마 대신 '몸뻬'를 입었다.

3) 속옷

속적삼, 허리띠, 단속곳, 바지, 속속곳, 다리속곳, 너른바지 등의 속옷은 긴 저고리, 짧은 치마에는 어울리지 않게 되면서 이러한 복잡하고도 불편한 속옷 대신 셔츠, 팬티 등 간편한 내의로 점차 바뀌게 되었다. 셔츠가 들어온 것은 1920년대부터였는데 여유 있는 사람들이 셔츠를 이용하기 시작하자 우리 고유의 속옷은 차츰 그 실용 가치를 잃게 되고 하나씩 자취를 감추었다. 즉 속적삼은 여자용 셔츠로 대체되고, 팬티를 입게 되자 속속곳과 다리속곳이 없어지면서 팬티 위에다 단속곳, 바지를 입게 되었다. 특히 짧은 치마를 입던 신여성들은 바지, 단속곳 대신 '사루마다'라는 무명으로 만든 짧은 팬티를 입었고, 어깨허리가 달린 속치마를 입게 되었다. 그러나 바지만은 오늘날까지도 남아 긴 치마의 한복을 입을 때 겉옷을 풍성하게 해 주고 있다. 이 시기에 새로 등장한 것이 속치마이다. 속치마는 치마보다 그 길이가 약간 짧았고, 옷감은 주로 흰색의 인조견을 사용했는데 속치마가 나오자 짧은 치마에는 물론이고 나중에는 긴 치마에도 입게 되었다. 속치마에는 어깨허리가 달려 있었는데 이것은 1920년대 이화 학당에서 입은 교복 치마에서 비롯된 것이라고 하며, 나중에 치마에도 이용하게 되었고, 해방 후까지 입혀졌던 바지의 허리에도 이를 이용하였다.

4) 배자, 갓저고리, 마고자

배자(그림22)나 갓저고리는 추운 북쪽 지방에서 많이 착용되어 오던 것이 개화기에는 장식적인 용도로 입혀졌다. 여자용은 남자용 마고자를 모방해서 만들어 입기 시작하여 사치용으로 흔히 입었다.(그림23) 특히 개성 사람들이 이를 애용했는데 비단으로 색을 맞추어 입었다.

22. 배자, 국립민속박물관 소장

23. 마고자, 국립민속박물관 소장

5) 두루마기

갑오개혁 후 여성들의 바깥 출입이 가능해지고 외부 활동이 허용되자 여성들도 두루마기(그림24)를 입기 시작하였는데 쓰개치마나 장옷이 없어지면서 전적으로 이를 입게 되었다. 그런데 남자들에게 두루마기는 의례적인 용도로 사계절 모두 입었으나, 여자들에게는 방한용 위주의 옷으로 입혀져 여학교에서도 한복 교복에

24. 두루마기를 입은 모습

25. 수귀주머니, 국립민속박물관
소장

겨울에는 검정색 두루마기를 보편적으로 입었다. 양복의 외투가 등장하자 치마 저고리 위에 이 외투를 걸침으로써 두루마기는 차츰 퇴색해 가는 경향이 생겼다.

3. 신, 장신구

조선시대에 많이 사용되었던 여성의 장신구 중 향낭·침낭·장도 등은 그 필요성이 줄어들어 의복에서 자취를 감추었으며, 다만 성장(盛裝)할 때 노리개 정도가 사용되었다. 그러나 주머니(그림25)는 꽤 오랫동안 애용되었는데, 1930년대 이후 핸드백이 나오게 되자 젊은층에서는 주머니를 사용하지 않게 되었고 노인층에서만 사용하고 있는 것을 광복 전까지 볼 수 있다.

궁중에서는 궁혜, 규중에서는 당혜나 운혜가 그대로 존속하였으며, 일반 서민 계급의 짚신과 미투리는 이후에도 오랫동안 그 모습을 보였다. 개화기 초에는 신발의 별 변화가 없다가 길이가 짧아진 양장과 통치마의 영향으로 극히 일부에서만 양말과 구두가 사용되었다. 1920년대 일본인 신발 기술자들이 우리 나라에 머무르면서 양화를 생산하였고 이때 등장한 고무신은 우리 신발의 역사에 새로운 전환점이 되었다. 1930년대 말에는 칠피 구두와 샌들이 유행하였고, 일제 말에는 물자의 부족으로 운동화와 고무신을 재생하여 사용하기도 했다. 최활란이 동경 유학을 마치고 돌아올 때 양말에 구두를 신고 와 한국 여성으로서는 구두를 처음으로 소개했는데, 이미 1899년 윤고라의 양장이 등장하였으니 구두의 착용은 이때가 먼저라고 할 수 있다. 한편 신여성들 사이에서는 고무신(그림26) 이외에도 경제화와 구두(그림27)를 신는 경향이 늘어났으며 이화 학당에서는 교복에 어울리는 복구'누나 단화류의 구두를 신기도 했다.

1940년 이후에는 저고리에 고름 대신 단추를 이용하게 되면서 브로치 등 우리 의복의 새로운 액세서리가 등장하게 되었다.

26. 고무신, 국립민속박물관 소장. 1920년대부터는 짚신, 당혜, 나막신 등을 대신하여 고무신을 신기 시작하였다.

27. 경제화와 구두, 국립민속박물관 소장. 1920년 이후 고무신 외에 경제화, 즉 운동화가 함께 착용되었다.

4. 두식(頭飾)

1) 머리 모양 · 머리 장식품

28. 단발 미인, 재현품

　개화기를 맞이하여 복식에 여러 변화가 있었지만, 궁중 양식은 어느 정도 그대로 이어져서 조선 후기 예장에 필요했던 어여머리나 큰머리는 그대로 존속해 머리 장식품의 사용 또한 그대로였으나, 머리 모양이 변하자 이에 맞추어 머리 장식품도 변해 떨잠과 첩지는 그 자취를 감추게 되었고 호화로왔던 비녀와 뒤꽂이도 쪽진머리가 쇠퇴함에 따라 간소화되었다. 따라서 큰비녀, 뒤꽂이 등은 구식 결혼식을 올리는 신부 예장에 간혹 쓰였으나 이제는 하나의 패물이 되어 가보로 자녀에게 물려주고 있다.

　일반 여성의 머리 모양은 조선 후기 여성들의 머리 모양이 그대로 남아 처녀들은 댕기머리였고, 부녀자들은 기호 지방(한국 서쪽 중앙부를 차지하고 있는 경기도, 황해도 남부, 충청북도, 충청남도 북부를 포함한 지역)을 중심으로 이남은 쪽진머리, 서북은 얹은머리였다.

　당시 신여성의 머리 모양 변천을 살펴보면 다음과 같다.

　1910년부터 1920년까지는 조선 후기 여성들의 머리 모양이었던 결발(結髮), 즉 처녀들의 댕기머리, 기호 지방 부녀자의 쪽진머리, 서북 지방 부녀자의 틀어얹은머리가 대표적이었다. 반면 1920년대부터 1930년대는 여학생들이 트레머리를 하였는데 이것은 옆가리마를 타서 빗은 머리를 머리 위에다 넓직하게 틀어 붙이는 형식으로서, 넓직하고 클수록 보기 좋다고 하여 속에다 머리심(계바다)을 넣기도 하였다.

　1926년에는 머리를 땋아 내리는 학생들에게 첩지머리라는 것이 유행하였다. 이것은 앞 가리마를 똑바로 타서 양쪽으로 귀밑머리를 땋을 때 이것을 세 가닥으로 갈라 앞의 두 가닥을 엮은 그 위로 남은 한 가닥을 곱게 비껴서 덮어 첩지를 씌운 것처럼 하는 것이었다. 이렇게 첩지머리를 한 다음에 앞머리를 빗질하여 댕기를 들여서 길게 머리를 땋아 내렸는데 이러한 처녀들의 뒷모양을 보는 것도 1930년경까지이고, 그후로는 머리를 트는 사람이 많아졌다. 1934년 이화 학당에 단발 바람이 불어 5～6년 동안 계속되었으며, 1937년에는 퍼머 머리가 등장하여 모두 긴 머리를 잘라 퍼머를 해서 곱슬머리를 만들었다.

2) 관모

　관모도 한동안은 화관, 족두리 이외에도 여러 난모가 그대로 사용되었으나 예복용이었으므로 예복과 함께 그 운명을 같이 하였다.

　방한모로는 조바위(그림29)가 유행되고 아얌은 자취를 감추었으며, 풍차보다

29. 조바위, 국립민속박물관 소장

30. 박쥐 우산을 쓴 여인, 재현
품. 서양 문물이 들어오면서 박쥐
우산이 쓰개치마 대신 사용되기
도 하였다.

는 남바위를 많이 사용하였다. 개화기로 접어들어 신분 사회가 해체되면서 남녀간의 신분 차이가 어느 정도 타파되자 쓰개가 사라지게 되었다.

상류층 부인들은 외출시 가마를 탔고 일반 부녀자들도 너울과 같은 거추장스러운 것을 없애고 장옷이나 쓰개치마, 삿갓을 쓰고 내외법을 지키는 사람들이 대부분이었다. 장옷을 벗은 사람들은 사회 활동을 하는 신여성들과 전도부인과 학생이었다. 내외용 관모들이 사라지고 양산이 등장하는데, 쓰개치마를 벗어버리기는 했으나 얼굴을 드러낸다는 것이 부끄러워 검정 우산을 사용하였으며, 이 유행은 일반 부녀자에게로 옮겨가 한때 검정 우산은 부녀자의 필수품이 되었다.(그림30) 이렇게 시작한 양산(우산)의 유행은 이후에도 계속되었다. 이러한 양산과 함께 목도리 즉 '숄'도 등장해 신여성들간에 방한용을 겸한 장식품의 하나로 유행을 하였다.

5. 양장

개화기 여성의 양장 착용(그림31)은 1899년부터 서양 문물과 먼저 접할 수 있었던 고관 부인, 외교관부인, 유학생들로부터 시작되었는데 윤치오가 외국에서 유학하고 돌아와서 부인에게도 양장을 권한 것이 그 시작이었다. 당시 군인 이외에는 관리들도 양복을 입는 사람이 거의 없을 때이므로 여성의 양장은 경이로운 일이었다. 연대는 알 수 없으나 순헌황귀비인 엄비도 1895년 단발령 이후 양장을 하고 기념 사진을 찍은 모습이 보인다. 개화의 물결은 멈추지 않고 계속 밀려 들어와 차츰 양장을 신기하게 여기던 풍조는 없어지고 널리 유행하기에 이른다. 이 시기 양장의 모습은 양어깨가 올라간 큰 소매에 길이가 길고 폭이 넓어 밑으로 퍼진 스커트인 깁슨 걸 스타일(Gibson girl style)로, 목에 리본을 달아 여성적으로 보였다.

여자 옷의 이러한 변천 과정은 구식에서 신식으로 넘어가는 동안에 서서히 이루어진 것이나, 시대의 첨단을 걷는 신여성들은 새로운 스타일을 찾고 흡수하는 데 적극적이었다. 우선 쓰개치마를 벗어 던진 후 머리 모양은 유행에 따라 다양한 변화를 겪었고, 의복에서는 양장을 택하는 여성이 늘어나 유행을 따르기에 바빴으며, 신은 고무신, 경제화, 양화로 대체되어 옛모습을 찾아볼 수 없는 가운데 고무신은 일반 부녀자의 신이 되기도 하였다. 그리하여 양장미인이란 말이 나오고 단발 미인(그림28)이란 말도 유행하였다.

31. 영왕과 영왕비(이방자 여자)

6. 여학생 복식

1900년대에는 자유로운 한복 차림으로 저고리는 길이가 짧고, 치마는 발목까지 오는 긴 풀치마에 띠허리를 달아 입었다. 옷감은 주로 흰색이나 물들인 목면이었다. 머리는 길게 땋아 늘였고, 나이든 학생은 트레머리를 하였다. 겨울에는 갓저고리를 덧입거나 솜두루마기를 입었으며 가마를 타고 쓰개치마나 장옷을 쓰고 다녔다.

숙명학교 학생만이 1907년에 자주색 원피스를 입어 선구적인 양장 차림을 하였으나 1910년에 한복 저고리와 자주색 치마를 다시 입게 되었으며, 이 무렵 여러 학교에서 흰 저고리에 검정 짧은 통치마를 입게 하고 쓰개치마와 장옷을 벗게 하였다. 장옷이나 쓰개치마의 사용을 금지하자 등교하는 학생수가 줄어들어, 몇 학교에서는 검정 양산을 쓰개치마 대신 쓰고 다니게 하였으며, 어떤 학교에서는 흰 수건을 쓰고 다니게 하였다. 겨울에는 검정 두루마기를 입었다.

1930년대에는 점차적으로 양장 교복을 입었으며 흰색 블라우스에 남색 주름치마를 많이 입었다. 겨울에는 남색 또는 자주색 세일러복(그림32)을 입었고 스웨터를 짜 입기도 하였다. 1940년대에는 양장 교복을 입게 권하였고, 제2차 세계대전이 심해지자 여학생도 전투복 차림으로 슬랙스나 몸뻬를 권장하여 여름에는 블라우스에 몸뻬, 겨울철에는 재킷과 몸뻬를 입게 되었다(그림33). 그러나 주체성이 강한 학교의 학생들은 양장 교복을 입지 않고 몸뻬 입기도 거부하였으며, 오히려 무궁화색 저고리를 입어 민족성을 잃지 않았다.

학생들의 교복이 1930년대에 양장으로 변화하면서 일반 부녀자들도 양장을 많이 입게 되었고, 양장을 하는 사람 수가 크게 증가하여 교복의 양장화는 우리나라 여성 복식이 양장화되는 계기가 되었다.

32. 1930년대 양복 교복, 재현품

33. 1930년대 여자 저고리와 몸뻬, 재현품.
일제는 일본 여자의 노동복과 몸뻬를 강제로 입게 하였다.

제6장　근대, 현대 그리고 미래

　　아시아의 개화는 의상 개혁에서부터 시작되었다고 해도 과언이 아닐 것이다. 우리 나라도 예외는 아니어서 신미양요 이래 수도 서울이 일본 · 러시아 · 청 3국의 각축장이 되는 역사적 불행 가운데 황제가 강제적으로 양복을 시범 착용함으로써 개화 백 년의 첫걸음을 열게 되었다. 이렇게 양복, 양장이 비극의 국운과 더불어 수많은 우여곡절의 사연을 겪었으나 어느덧 일상복으로 정착되고 나아가 국가의 기간 산업으로까지 발전되어 온 것이다.

　　인간의 기본 생활인 의 · 식 · 주 가운데서 그 시대의 사회상을 가장 잘 표현하는 것이 의상이라는 중론에 많은 사람들의 의견을 같이하는 것은 의상이 그만큼 그 시대 사회의 가장 절실한 욕구의 부산물이기 때문이다. 쓰개치마를 쓰고 다니던 옛날 여인들과 미니 스커트를 입은 오늘의 현대 여성을 비교할 때 정말 격세지감을 느끼지 않을 수가 없을 정도로 지난 100년 동안의 변화는 참으로 다양하게 변해왔다. 초창기 1900년대의 양장은 갑오개혁 이후 외국인 선교사나 외국에서 돌아온 유학생들, 상류층의 고관 부인들과 1906년 진명, 숙명 등의 여학교를 세운 엄비 등에 의해서 국내에 첫선을 보였는데 서구식 롱 드레스 차림을 한 엄비의 사진은 현재까지도 남아 있다. 20년대에 들어서면서 태화 여자관, YMCA 등에서는 양재 기술을 가르치기 시작했고 30년대에는 재봉틀이 차츰 보급되기 시작했다. 의상은 입기 편하고 활동하기 좋도록 치마 길이를 짧게 하고 저고리 길이는 길게 했으며, 치마의 주름을 크게 잡은 통치마와 굽이 있는 단화가 주류를 이루었다. 1933년『신가정』이 창간되면서 여성들은 새생활에 눈을 뜨게 되었고, 이 무렵 해외에서 돌아온 유학생들이 많아지면서 양장은 더욱 그 보급에 박차를 가하게 되었다. 1938년에 원로 디자이너 최경자 씨가 한국인이 경영하는 국내 최초의 양재 학원을 함경남도 함흥에서 문을 열어 체계적인 패션 교육의 장이 마련되었다. 1940년대에는 일제 식민지 치하에서 몸뻬 바지와 국민복이라는 이름의 의상이 전시(戰時) 의복으로 강요되어 여성들은 보기 흉한 국방색 '몸뻬' 바지에 운동화 차림으로 지냈으며 해방이 된 후에도 이러한 차림은 한동안 일상 생활 속에 남아 있게 되었다. 그러나 50년대에 들어서면서 양장의 대중화는 활기를 띠게 되어 여성 잡지『여원』이 55년 11월호부터 여배우 최은희, 노경희 씨 등을 모델로 패션 화보를 다루기 시작했고, 디자이너 노라노 씨가 1956년 반도 호텔에서 한국 최초의 패션쇼를 열기도 하였다.

서구를 휩쓸던 H라인의 원피스 드레스를 비롯하여 타이트 스커트, 플레어 스커트 등이 패션쇼를 통해 소개가 되었는데 이 무렵 여성 패션을 크게 좌우한 요소는 바로 외국 영화의 여주인공들이었다. 영화 '애수'에 출연한 여배우 비비안 리의 군복형 정장 차림이라든가 '로마의 휴일'에 나온 오드리 헵번의 짧은 머리와 타이트한 맘보 바지는 영화의 상륙과 더불어 곧 서울의 명동 거리를 휩쓸었다. 60년대 들어서면서 국내에서 주름 치마가 유행을 하는가 싶더니, 64년 영국의 디자이너 메리 퀸트가 창시한 미니 스커트 차림으로 미국에서 귀국한 가수 윤복희 씨에 의해 67년 미니 스커트가 국내에 첫선을 보이면서 신선한 충격과 유행을 몰고 오게 되었다. 샌들이 외출용 구두로 대중화되고 가발을 이용한 헤어 스타일 창출이 시작된 것도 이 무렵이다. 70년대 중반에는 나팔 바지가 거리를 휩쓸었으며, 곧이어 청바지가 10대와 20대를 상징하는 전형적인 의상으로 유행을 타기 시작했다. 상고 머리 커트와 무릎 길이의 부츠도 이때 유행하였고, 70년대 말부터는 다양한 퍼머 머리와 더불어 간편한 활동복이 패션의 큰 흐름을 이끌게 되었다. 80년대에는 크고 헐렁한 무채색 옷들이 주부들 사이에서 애용되었다. 90년대에는 경기 침체로 인하여 과격한 디자인이나 참신한 스타일보다는 기본적인 스타일의 의상들을 선호하게 되었는데, 레이스 소재를 사용하여 속이 환히 비쳐 보이는 길이가 긴 베스트나 편안하고 실용적인 중고 감각의 자연지향적인 이콜러지 패션, 집안에서 젊은 자녀들의 영향력 신장으로 인한 영 패션의 성장이 이 시대의 특징이라고 하겠다. 새로운 세기에 대한 미래지향적인 신념과 행복에 대한 새로운 기대와 시작으로 낙관주의 바람을 타고 맞은 2000년대에는 미래 생활 양식에 대한 혁명이 두드러질 것으로 예측되며, 패션의 스타일은 유행 위주보다는 개성에 따라 자유롭게 표현되어 패션과 트렌드(trend, 경향)에 대한 맹목적인 추종이 약해질 것으로 보인다.

1940년대 패션

세계적인 경제 대공황에 이어 나치 히틀러에 의한 제2차 세계대전이 발발하면서 연합군의 여군복이 곧 패션화되어 밀리터리 스타일, 테일러드 수트, 트렌치 코트 등이 유행하였다. 거추장스러운 장식은 일체 배제되었지만 롱 헤어 스타일이나 컬, 혹은 쪽진머리 등으로 여성다움의 명맥은 이어졌으며 우리 나라도 일본군의 군수 물자 탓으로 다른 의미의 밀리터리 스타일과 퍼머넌트 헤어 스타일이 불가피하게 보급되었다. 일제 말기에는 많은 젊은이들이 징병과 징용으로 끌려 갔으며, 이른바 앗빠빠라고 불리던 간단한 양장과 몸뻬 바지가 국민복으로 강요되었다. 일제의 통치에서 해방된 우리 나라는 국토가 양분되는 비극 속에서도 나라를 세우고 헌법을 공포하는 등 활발한 정치 활동이 재개되었으며 초대 대통령으로 이승만 씨가 취임되었다. 이 사이에 국제적으로는 국제연합이 설립(1945년)되어 사회 재건, 안정 복귀와 함께 패션계의 성장을 부채질하는 여건과 요소가 마련되었다. 유럽에서는 대다수의 꾸뛰르가 파리에 복귀하여 꾸뛰르 조합을 구성했고, 파리 컬렉션의 막이 올려져 패션 본거지의 활기를 다시 찾았다. 유럽의 패션 서막은 장식 없는 실질적인 방향으로 흘러 몸의 선을 살린 꼭 맞는 타이트 스커트와 여러 스타일의 스커트가 나왔고 크리스챤 디올이 독립 제1회 컬렉션에서 발표한(1947년) 뉴 룩 롱 스커트가 센세이션을 일으키면서 지그재그 라인 등 새로운 디자인을 연속 발표하여 그의 아성을 구축하는 데 성공하였다.

1. 해방 직후 몸뻬 차림, 1945년

2. 국방색의 밀리터리 룩, 1946년

몸뻬와 밀리터리 수트

몸뻬는 1940년대 일제 말기 B29의 폭음 아래 근로보국대에 끌려간 우리 나라 여성들이 일본 여성들의 작업복 바지인 몸뻬 위에 노동이나 작업시 편리한 저고리나 실용적인 남방 셔츠를 함께 착용하면서 시작된 우리 나라 여성들의 최초의 양장 바지로 할머니 세대의 전형적인 의상이다.

일본군의 군수 물자 탓으로 밀리터리 스타일은 불가피하게 보급되는데, 해방 후 돌아오는 교포들과 2차 세계대전의 영향으로 어깨에 솜방석이나 패드를 높게 넣은 군복풍의 수트와 군복에서 응용한 국방색 의상들이 유행하였다.

이 무렵 국민들의 의생활은 비참하기가 말할 수 없을 정도였다. 섬유 자원이 극도로 고갈되어 의류 보급 제도가 실시되면서 1년에 광목 몇 마와 양말 몇 켤레로 간신히 의생활을 유지해야만 했다. 시골 학생들은 무명이나 무명과 명주를 섞어 짠 자가 생산복지로 교복을 지어 입는 것이 고급에 속했으며, 색깔은 국방색이라

3. 강제 노역에 끌려나온 사람들의 국민복 차림,
1940년

고 부르는 짙은 카키색 일색이어서 똥색〔糞〕이라고 부르기도 했다. 양복 형태는 모두가 소위 국민복에 스텐 칼라를 부착한 재킷 상의가 전부였는데 목을 학생복같이 꽁꽁 잠그는 형태였기 때문에 양복의 필수품인 넥타이를 잊어 버린지도 오래였다. 멀쩡한 신사복도 안섶을 잘라내어 스텐 칼라 깃을 만들고 앞자락도 둥근 모서리를 이어서 국민복으로 고쳐 입어야만 했고 바지 밑단은 각반으로 칭칭 동여매야 했다. 이러한 복장 규율을 지키지 않을 경우에는 큰길이나 사거리에서 단속에 열을 올리는 일본 순사에게 적발되어 '비국민'이라는 명목하에 조사실로 연행되어 가는 일이 비일비재하게 일어났다.

백의 민족

"흰 옷을 입으시오! 흰 옷을 입으시오! 그래야 폭격을 면합니다. 나의 사랑하는 동포들이여! 어떻게 하든지 이 곤란한 시기를 극복해야 합니다. 독립은 곧 옵니다."

2차대전의 종말이 가까워올 때 VOA(미국의 소리)를 통해 흘러나온 이승만 박사의 방송이었다. 이따금 B29 폭격기가 한반도 상공에도 나타나 금속성의 굉음과 함께 긴장감을 남기고 사라지던 당시 백의 민족인 한국 사람에게는 폭격을 가하지 않는다는 의미에서 나온 방송 내용이었다. 물론 방송을 들은 사람은 극소수였지만 소문은 퍼지고 퍼져 이 땅에는 흰 옷 입기가 대유행처럼 번져 나갔으며, 이 사실을 알게 된 일본인들까지도 흰색 바지 저고리를 준비했다가 공습 경보가 울리면 부리나케 한복으로 갈아입는 사람들까지도 생겼다. 이런 한국 사람들의 동향에 골치를 앓던 일본 경찰은 사람들이 많이 모이는 시골 장날 같은 때 먹물을 넣은 물총을 가지고 나타나서 흰 옷 입은 사람들에게 사정없이 쏘아대는가 하면, 가마솥을 걸어 놓고 무료로 검정색으로 염색을 해주기도 했다. 흰 옷은 자주 세탁을 해야 하므로 비경제적이고 겨울이면 열을 흡수하지 않아 보온성이 저하된다는 이유를 내세워 이들의 백의 말살 운동은 그럴 듯하게 들렸지만 본래 의도는 한국인의 민족성과 단결심을 파괴하려는 시도로 학교에서조차 아동들을 통해 염색을 권장하기도 했다.

양복의 마카오 시대

1948년 정부 수립이 되면서 즐겨 입던 몸뻬와 해방 후 창고에서 쏟아져 나왔던 일본인들의 신발 지까다비가 거의 자취를 감추고 미제 해군 단화와 헬멧 모자가 점잖은 차림으로 등장했다. 남인수의 '가거라 38선'이 거리마다 흐르며 월남 동포들을 울리고 있을 때 양복에는 마카오 시대가 막을 열기 시작했다. 사지 옷감이나 군복을 개조한 옷감 아니면 최초의 국산 양복지인 소량의 송도직이 최고품으로 여겨지던 복지 고갈의 시대에 마카오 양복지는 신사들의 호기심에 불을 당기지 않을 수 없었으며 이내 밀수 인기 품목이 되었다. 이 무렵 신사들의 모드는 미국 스타일인 T룩이 세계적인 유행 모드였다. 2차 대전 후부터 시작된 T룩은 어깨가 넓고 깃이 가슴을 꽉 메울만큼 커다란 넓이의 재킷에 바지는 홀태 바지 형태인데 전체적으로는 엉덩이와 넙적다리 부분이 헐렁하고 바짓부리는 점차 좁아지다가 아래에 접단을 하여 입는 스타일이었다. 당시 T자 스타일의 마카오 양복에 반짝거리는 해군 단화를 신고 한 손은 바지 주머니에 푹 찌르고 럭키 스트라이크 담배를 비스듬히 물고 가는 신사의 모습은 그 자체가 어린이들의 동경의 대상이 되고도 남을 정도였다. 그러나 이때 마카오 양복은 시국을 생각할 때 적절하지 않은 의상으로 취급되어 사치품으로 지탄을 받기도 하였는데, 카이젤 수염으로 유명한 김상돈 국회의원이 시민들을 계몽할 목적으로 메가폰을 들고 서서 소리높여 외쳤다는 신문 기사도 기록에는 남아 있다.

마카오 시대가 도래하면서 또 하나의 변모된 모습을 보여 준 곳이 바로 양복점이었는데 일본인들이 물러간 서울 본정동(지금의 충무로)에 숱한 양복점들이 간판을 내달고 영업을 하기 시작했다. 원래 라사점은 양복 옷감만을 파는 도매상을 의미하였는데 양복지가 워낙 귀하고 외국에서 밀수로 흘러들어오는 마카오 양복지의 수량이 한정되어 한 벌씩만 그때그때 끊어다 가게에 진열해 놓고 그것을 감으로 팔기도 하고 맞춤으로 양복을 만들어 주기도 하면서 라사점은 양복점과 같은 뜻으로 쓰이기 시작하였다. 지금도 '××라사'라는 식의 간판을 걸고 있는 양복점들을 주위에서 흔히 볼 수 있다. 마카오 신사 양복의 태동과 더불어 슈사인 보이란 구두닦이 직업이 생겨난 것도 이 무렵부터였다.

빨간 멜돈 바지의 엉뚱한 새바람

마카오 시대에 어처구니 없었던 하나의 경향은 여자 속옷까지 빨강으로 물들여 입을 정도로 빨강색이 유행한 것이다. 당시 여자 옷을 전문으로 만드는 양장점이 많지 않을 때여서 양복점이 여성복을 겸하는 곳이 대부분이었다. 이럴 때 마카오에서 얇고 부드러운 모직 외투감인 빨간 멜돈(melton)이 많이 들어오게 되었다. 색상 때문에 여자 바지로 만들어 팔았는데 이와 때를 맞춰 사람들 사이에서는 빨간 옷감으로 바지를 만들어 입으면 액땜을 한다는 소문이 퍼지면서 멜돈은 여자 바지뿐 아니라 두루마기 옷감으로도 인기를 끌게 되었고, 마카오 복지로 옷을 해 입을 수 없는 시골에서는 빨간색 옷감이 동나기도 했다. 공산주의를 빨간색과 연계시켜 빨갱이 타도를 외치면서도 여자들의 옷은 붉게 물들었으니 아이러니컬한 일이었다. 마카오 시대는 그 후로도 꽤 오래 지속되었다.

1950년대 패션

4. 크리스티앙 디올의 뉴룩, 1947년

세계 대전의 제약과 궁핍에서 해방된 세계의 여성들은 여성미를 과시하고 멋을 즐기는 방향으로 줄달음쳤으며, 더욱이 크리스티앙 디올의 뉴 룩(New look)에 이은 센세이셔널한 뉴 라인의 발표는 디올 시대를 구축하였을 뿐만 아니라 여성들의 관심을 유행으로 쏠리게 했다. 한국전쟁의 쓰라림을 딛고 재건에 나선 50년대 후반, 우리 나라 패션가에도 도약을 기약하는 기풍이 조성되고 급진적인 사회 변화에 맞추어 패션쇼도 열리기 시작했고 또 디자이너들의 친목 단체로 1955년 6월 대한복식연우회가 조직되기도 했다. 나일론과 합성 섬유가 등장하면서 반투명한 나일론으로 된 낙하산 원단으로 만든 여성들의 블라우스가 인기를 독차지했으며 여기에 타이트 스커트, 굽이 높은 하이힐, 나일론 스타킹의 착용은 멋쟁이의 필수 요건이 되었다. 모든 것이 부족했던 50년대 전반기를 보내고 억눌렸던 멋내기가 되살아나면서 1956년 영화 '자유부인'에서 여주인공이 착용한 벨벳(속칭 비로드) 소재로 만든 한복의 영향으로 양장 및 한복을 불문하고 벨벳으로 만든 의상들이 대유행을 하였는데, 이로 인해 여성의 사치가 전반적인 사회 문제로 제기되기도 하였다. 유행을 민감하게 받아들이게 되면서 프린트 무늬와 슬리브리스 드레스, 코트, 맘보 바지, 중국의 영향을 받은 타이트한 차이니즈 드레스, 홍콩 수입 벨벳 원피스 드레스와 코트 등은 당당히 한 시대를 풍미했던 패션으로 관람객의 시선을 끌기에 충분

5. 프란체스카 여사의 수트, 디자인 미성 양장점, 1958년

6. 공덕귀 여사의 수트, 디자인 한 양장점, 1958년

히 흥미가 있는 의상들이라 하겠다. 오드리 햅번 주연의 '사브리나' 영화에서 유래 되어 사브리나 바지로 불리기도 한 타이트한 맘보 바지는 영화에서와 같은 짧은 숏 커트 헤어 스타일과 함께 50년대 말부터 유행하기 시작하였다. 여기에 화학 섬유가 본격적으로 사용되면서 일반인의 옷길이가 급격하게 짧아졌으며, 가발이 사용되기 도 하였다.

특히 심플한 스타일의 회색 모직 투피스 정장은 우리 나라 초대 이승만 대통령 의 부인인 프란체스카 여사가 34년간 즐겨 입던 옷으로서, 1958년 최초의 국산 모 직(제일모직)을 이용해 우리 솜씨로 만든 것이다. 안감은 실크에다 애국심을 상징 하는 무궁화 무늬를 특별히 넣어서 프란체스카 여사의 한국 사랑을 엿볼 수 있는 데, 여사는 워낙 오래 입어서 닳은 목 뒷부분에 다른 천을 덧대고 꿰매어 퍼스트 레이디의 애국심과 절약 정신을 보여 주었다. 또 역대 영부인 중 가장 양장이 잘 어 울린다는 평을 받는 제4대 윤보선 대통령의 부인인 공덕귀 여사가 즐겨 입던 양장 은 고급스러우나 관리하기는 어려운 린넨 소재를 사용하였으며 이를 항상 정갈하 게 착용하여 공덕귀 여사의 성품을 나타내 주는 의상이 되었다. 당시 명동은 양장 점의 집단지였는데 '국제양장사'를 비롯하여, 송옥, 아리사, 엘리제, 마드모아젤, 노블, 영광사, 한 양장점, 보그 등이 모두 명동에 모여 양장점 전성시대를 이루기도 했다.

구호품 패션

1945년 해방 후 미군의 진주와 군정, 해외 동포의 귀국으로 복식의 서구화가 더욱 촉진되었다. 그러나 짧고도 낭만적이었던 초기의 양장시대는 1950년에 발발 한 한국전쟁으로 다시 산산조각이 났고, 참담한 동족간의 비극으로 폐허와 가난, 그리고 미국 문화의 대책 없는 유입이라는 결과를 남겼다. 풍족한 것이라곤 아무것 도 없던 이 시기에 헌 군복이나 몸뻬 등을 입고 미국과 UN의 원조에 기대어 간신 히 끼니를 이었던 많은 사람들에게 미적 감각을 내세우기는 어려운 상황이었다.

구호품 패션은 주로 UN군으로부터 흘러나온 구호 물자인 담요에 물감을 들여 입거나 UN군 잠바 등과, 살이 훤히 들여다 보이는 낙하산지 블라우스가 유행하였 다. 남학생들은 군복에 검정물을 들여 개조해 입거나 멀쩡한 학생 모자를 일부러 찢어 재봉틀로 누벼서 멋을 부리고 어깨에는 패드를 넣어 과장을 했는데 이것은 곧 여학생들과 일반인들에게도 유행했다. 그래서 시장마다 염색집이 성업을 이루게 되었고 이는 그 시대 생활상을 잘 표현해 주는 진풍경이 되기도 했다. 수복 후 물밀 듯이 밀려들어온 외국의 잡지 등을 통해 여성들은 미국 스타일과 파리 유행 감각에 서서히 눈을 뜨면서 멋에 대한 동경을 갖게 되었다. 특히 미군들과 사귀는 아가씨, 속칭 양공주들과 미군들을 상대하는 보따리 장사들에 의해 당시 유행이 전파되기 시작했다. 미국과 UN이 원조해 준 하얀 밀가루와 분유, 초콜릿과 추잉에 대한 기억은 이제는 비참함보다는 아련한 추억으로 간직될 이야깃거리가 되었다. 배고픔을 해결하는 생필품과 함께 유입된 그들의 문화는 지금까지도 우리 정서에 막대한 영향을 미치고 있다

낙하산지 블라우스의 유행

1951년 전쟁의 부산물인 반투명 나일론으로 낙하산지 블라우스를 만들어 입었는데 속이 훤히 들여다 보이는 것이 매력적이었던지 낙하산지와 같이 비치는 옷감으로 만든 블라우스가 인기를 독차지하였다. 속이 너무 들여다 보이는 것을 피하기 위하여 아버지나 오빠의 백색 면 속옷을 블라우스 밑에 받쳐 입는 해프닝을 연출하기도 하였다. 칼라는 주름을 잡아서 만든 모양이 곱창처럼 보인다고 하여 속칭 곱창 칼라가 유행하였다. 낙하산지 블라우스는 몸에 꼭 맞는 타이트한 스커트에다 굽이 높은 하이힐을 신었는데, 선이 있는 살색 스타킹 줄이 다리 중심에 오도록 맞추느라 애를 쓰기도 하였다.

7. 낙하산 감으로 만든 블라우스

유똥 블라우스와 드레스의 유행

대구, 부산 등지의 피난지에서는 소규모 양장점이 다시 영업을 시작하였다. 옷은 주로 양공주들을 상대로 하였으며 보따리 장사들이 양장점에서 잔뜩 옷을 사가지고 양공주들이 많은 곳에 가서 팔았기 때문에 주문하는 옷의 양이 날로 늘어갔다. 당시 유행했던 옷감은 유똥 소재로 블라우스와 드레스를 만드는 데 주로 사용되었다. 감이 너무 흐느적거려 재단이나 바느질하기는 꽤 힘이 들었다. 당시의 스커트 스타일은 다리가 움직이지 못할 정도로 타이트한 차이니즈 드레스 형태였고, 유행하던 칼라 모양은 조그만 피터팬 칼라와 앞 요크에 좁은 턱으로 장식을 한 것이 많았다.

유똥 드레스나 타이트 스커트의 주문으로 양장점들은 계속 번창했고 일은 밀리기 시작했다. 그래서 이때부터 남자 직공들을 두기 시작했는데 남자들이 일을 하면서 능률이 많이 올랐다. 번창한 양장점인 경우 대개 10여 명 정도의 봉제사를 두었다.

플레어 스커트

1954년 을지로 3가 수도 극장에서 상영된 영화 '젊은이의 양지'는 피난지에서 서울로 올라온 젊은이들의 공감을 얻으며 크게 히트하게 되었고, 전쟁 동안 억눌렸던 여성들의 멋내기가 되살아나면서 여성스러움을 강조하기 위하여 허리를 꼭 맞게 하고 속치마는 망사로 부풀린 플레어 스커트가 유행하였다. 이 외에도 50년대

8. 모든 여성들의 인기를 모았던 영화 '로마의 휴일'에서 오드리 햅번이 착용한 넓은 플레어 스커트, 1955년

9. 플레어 원피스 드레스, 1955년

10. 아코디언 플리츠 플레어 스커트, 1956년

11. 플레어 드레스와 후드달린 반코트, 1958년

말 오드리 햅번이 주연한 '로마의 휴일'은 전쟁을 치르고 많은 제약 속에 억눌려 있던 한국 사람들의 마음에 공감과 동경을 불러일으키면서 인기를 끌었고, 이 영화로 인하여 플레어 스커트와 짧은 머리가 유행하였다. 당시 유명 여배우 엘리자베스 테일러가 착용한 플레어 스커트도 더불어 대유행을 끌게 되는데 미국에서는 틴 에이저 여학생들이 빠른 템포의 록 앤 롤 음악에 맞추어 폭넓은 플레어 스커트를 날리며 굽이 낮거나 굽이 없는 속칭 쫄쫄이 구두를 신고 댄스를 즐기는 것이 붐이었다. 우리 나라에서도 플레어 스커트의 유행은 예외가 아니었는데 대부분의 경우에는 스커트가 뻗치도록 빳빳한 백색 망사를 겹쳐서 만든 페티코트를 속에 입었고, 유행이 점차 확산되면서 스커트의 크기와 부피는 경쟁하듯 점점 더 커져만 갔다. 아코디언 모양처럼 주름을 좁게 잡은 아코디언 플리츠 플레어 스커트와 함께 넓은 패티코트 속치마로 크게 부풀린 피트 앤 플레어(fit&flare)의 플레어 드레스, 목을 높게 세운 하이넥 칼라, 살짝 세운 윙(wing) 칼라가 인기가 있었는데, 특히 윙 칼라는 1954년 TV로 생중계된 영국 엘리자벳 여왕 2세 취임식 때 여왕이 착용한 정장 드레스가 윙 칼라 디자인이어서 더욱 유행하게 되었다. 이 외에도 조그만 피터팬 칼라, 앞가슴에 촘촘히 주름(tuck)을 잡고 어깨에서 패드를 떼어 낸 돌먼 소매, 프렌치 소매, 콜로네이션 소매, 7부 소매, 1955년에는 7부 바지, 패달 푸셔(pedal pusher) 바지, 양말 윗부분을 한 번 혹은 두 번 두껍게 접은 백색의 바비 삭스(bobby socks), 흑과 백의 두 가지 색으로 된 새들(saddle) 구두 등이 유행했다.

후드 달린 감색 개버딘 플레어 코트

야전 군복의 영향으로 모자가 달리고 넉넉하게 플레어가 들어간 후드(hood) 코트가 유행을 하였는데, 물자가 부족했으므로 코트 한 벌을 준비해서 어느 옷 위에나 걸치고 다녔다. 당시 겨울은 무척 추워서인지 코트에는 의례 모자, 후드를 부착하는 것이 유행이었다. 플레어 스타일이 인기가 있었기에 아주 추운 겨울 코트를 제외하고는 두꺼운 옷감보다는 플레어가 잘 질 수 있는 개버딘을 사용하였다.

코트 뒷면은 산주름이 겹치듯 물결이 출렁이듯 플레어를 휘날리고 다니는 것이 유행이었는데 더 많은 플레어를 내기 위하여 코트 뒷면 어깨 부분에 요크로 절개선을 만들고 그 밑으로 플레어를 내도록 한 뒷 요크 스타일도 성행하였다. 당시에는 개버딘 색깔이 다양하지 않고 코트는 한 벌 마련하면 장기간 입어야 한다는 경제적인 생각으로 거의가 때가 덜 보이는 감색으로 맞추어 입었다. 나중에는 후드에 루프 고리를 부착하고 칼라 밑부분 몸판에 작은 단추들을 부착하여 필요에 따라 떼었다 부쳤다 할 수 있도록 제작하였다.

당시 코트에는 의례 속주머니를 하고 소유자 이름을 자수로 놓아 주는 것이 대유행이었다. 두꺼운 겨울 코트는 낙타지로 된 영국제 코트 감들로 대개 주자로 하였다. 안감은 약 1cm 직경이 되도록 둥글게 오므려서 계속 겹쳐 길게 연결한 모양이 곱창 같다고 하여 속칭 곱창으로 코트 속을 완전히 둘러서 장식을 하였는데 양장점마다 곱창만 만드는 직공들이 따로 있을 정도로 곱창은 꽤 인기가 있었다. 비를 막기 위한 속이 비치는 투명한 백색 바이닐로 된 레인 코트도 착용하기 시작하였다.

12. 후드 달린 개버딘 플레어 코트, 1955년

벨벳 치마 유행

1954년 『서울신문』에 연재된 정비석의 「자유부인」은 향락과 탈선에 빠진 부유한 계층의 행태를 묘사해 커다란 반응을 불러 일으키며 『서울신문』의 발행 부수를 크게 신장시켰을 뿐만 아니라 후에는 단행본으로 출간되어 일약 베스트 셀러가 되었다. 이러한 붐을 타고 소설이 영화화되기도 하였는데, 이 영화에서 여주인공의 벨벳 옷은 여성들에게 크게 유행되어 일제 교토 벨벳이나 속칭 비로드 옷감으로 만든 짧은 한복 치마는 최고의 멋쟁이 옷으로 인식되었다. 지나치게 유행이 확산되자 사치를 규제하기 위하여 벨벳 옷감 사용 한도를 1인당 1벌에 3마 이상 사용하지 못하도록 하는 '벨벳 옷감 제한령'이 내려지기까지 하였다. 이와 같이 일상 의복에서도 한복을 대신한 양장이 여성복 시장을 뚫고 들어오기 시작하는데, 국내 직물 생산이 부진한 틈을 타서 일본과 홍콩 상표가 붙은 비로드의 홍수가 유행에 활기를 불어 넣었다. 부유층에서는 긴 망토에 모자까지 붙은 중세의 서양 복식까지 등장하였으며, 굽이 높은 하이힐에 선이 있는 연한 살색 스타킹을 신기도 했다.

13. 벨벳 소재를 유행시킨 당시 인기가 있던 '자유부인' 포스터, 1956년

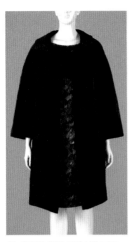

14. 자주색 벨벳 드레스와 코트,
1956년

1956년 작품 「초여름」이라는 임응식 씨의 사진을 보면 당시 유명 백화점이던 미도파 백화점 앞에서 네 명의 양장 차림 여성들이 모여 서서 이야기를 나누고 있고 그 옆으로 한복 차림의 여성이 지나가고 있는 장면이 담겨 있는데, 복식사 측면에서 볼 때 한복이 양장에 밀려나기 시작하는 당시의 현실을 가장 적절한 장소와 인물 대비로 시각화하여 표현하였다고 할 수 있겠다. 남성들은 영국에서 수입한 양복지로 신사복을 지어 입은 마카오 신사가 패션의 첨단을 걷는 멋쟁이로 인식되어 유행하였으나, 한복도 꾸준히 주류를 이루어 아직까지는 서구 물결이 우리 생활 인습에 커다란 혁명을 일으킨 것은 아니었다. 휴전이 되고 자유당 시절로 접어들어 차츰 사회의 질서가 잡히면서 의복도 정상을 되찾기 시작하였다. 남자들에게는 나팔 바지가, 여자들에게는 그 유명한 비로드의 시대가 찾아왔던 것이다.

15. 작품 「초여름」, 임응식, 1956년

차이니즈 드레스 유행

1952년에 출판되어 미국에서 베스트 셀러가 된 바 있는 한 수인(Han Suyin) 여사의 자서전적 소설 「모정」은 그 인기를 등에 업고 1955년에 영화로 제작되었으며, 여주인공 제니퍼의 의상은 이 영화에 아카데미 의상상을 안겨 주었다. 이 영화는 1950년대 중반 모두가 가난하기만 했던 시절의 한국인들에게 큰 공감과 감동을 주었으며 영화에서 여주인공 수인이 착용한 타이트한 차이니즈 드레스는 단조로우면서도 기품이 풍겨 이후 동양풍의 패션 유행을 창조는 계기가 되었다. 차이니즈 칼라에 타이트한 심플한 드레스를 입고 머리는 정갈하게 위로 올려 정돈한 제니퍼 존스의 동양적 면모를 한층 돋보이게 해준 차이니즈 드레스의 영향은 한국에까지 미쳐 우리 나라 여성들 사이에서도 차이니즈 의상붐이 일어났다. 현재 중국 대사관이 위치하고 있는 퇴계로 중앙우체국 옆 골목에 즐비하게 자리잡은 중국 옷 맞춤집

16. 차이니즈 의상 붐을 일으킨
영화 '모정' 의 차이니즈 드레스

17. 차이니즈 드레스, 1958년

에서는 새틴 소재로 몸에 타이트하게 맞는 스타일이 제작되었고 구슬(beads)을 이용하여 용 모양으로 자수를 놓고 매듭단추를 장식하는 디테일이 드레스, 재킷, 코트 등 각종 옷에 부착되기도 하였다.

환도 후 한국 제일의 양장점은 패션 1번지 명동

　　전쟁이 휩쓸고 간 처참한 폐허 속 명동에 중소 패션 업체들이 다투어 자리를 잡기 시작한 것은 부산, 대구 등 피난지에서 의상을 하던 사람들이 자연스레 모여들면서부터였다. 일본 여성들에 의해 근대복을 전수받은 평양 출신의 사람들은 남으로 피난 내려왔다가 서울의 남대문 시장에서 소규모 업체로 옷을 만들어 내기 시작했다. 이러한 움직임 속에서 대구로 피난을 갔던 최경자 씨는 대구에서 경영하던 「국제양장사」라는 간판을 명동에 옮겨 달고, 다른 한쪽에는 「최경자 복장 연구소」라는 먹으로 쓴 긴 나무 간판을 하나 더 달아 한국 패션 교육의 기틀을 마련하기 시작하였다. 국제양장사는 곧 배우, 가수 등 연예인들의 단골집이 되었는데 박단마, 김 씨스터즈, 윤인자, 나애심 등등 헤일 수 없이 많은 연예인들이 찾아와 무대 의상을 맞춰 갔고 그 외의 고객들도 날로 늘어 갔다. 명동의 유명 업소로는 국제양장사, 송옥 양장점, 노라노, 아리사, 엘리제, 마드모아젤, 노블 양장점, 영광사, 한 양장점, 보그 양장사 등이 있었다. 특별히 디자이너라는 명칭도 없던 때였고 손님들도 의상에 대해서는 무지한 상태라 양장점 점원이나 주인들이 그려 주는 디자인에 따라서, 아니면 외국 잡지에서 자신에게 맞는 의상을 지적해서 옷을 맞춰

18. 국제양장사 앞에서 찍은 최경자 씨, 1954년

입었다. 양장점을 찾는 사람들이 늘어남에 따라 주문도 늘어났다. 특히 겨울 코트의 경우 하루 평균 50벌 이상의 주문을 받았으며 30여 명의 직공들이 함께 밤을 새워가며 옷을 만들기에 정신이 없었다. 코트 감은 거의가 순모 낙타지로 영국제, 프랑스제 등 외국산이 대부분이어서 옷감은 양질의 것이 많았다. 이와 같이 50년대 중반은 우리 나라 패션의 선각자들이 이곳에서 양장문화의 기초를 닦으면서 패션 스타일을 정립하여 나갔고 명동의 양장점은 날로 번창가도를 달리게 되었다.

『여원』 지의 화보에 실린 패션 모드의 시도

국제양장사에 자주 찾아오던 여원사 기자 박상기 씨가 1955년 색다른 아이디어를 내놓았는데 12호 『여원』에서 여자의 의상 사진과 해설을 곁들인 「모드」란을 기획하겠다는 것이었다. 지금은 여성지마다 모드 페이지가 있어서 유행하는 의상이나 평상복, 어린이 옷 등 각종 의상을 다양하게 소개하고 있으나 20년 전에는 『여원』이 처음으로 이러한 모드 페이지를 화보로 신설하였다. 당시는 직업 패션 모델이 없어서 최은희, 안나영, 김미정, 윤인자 등 대부분 배우들이 모델을 해주었다. 여성들의 의상 및 패션에 대한 이러한 새로운 기획은 독자들의 큰 관심을 끌었으며 이렇게 해서 우리 나라에서는 처음으로 잡지에 모드 화보면이 탄생하게 되었고 다른 잡지들도 이에 뒤질세라 모드 란을 싣게 되었다.

당시 명동의 어느 양장점에서 어떤 모양의 옷을 맞춰 입었다는 것이 여성들의 대화에 빠질 수 없는 화젯거리였다. '봄소식은 여심에서'라는 제목으로 계절이 바

19. 잡지 모드 화보에 실린 당시의 톱 스타들, 모델 최은희·노경희, 1957년

뛰는 첫 신호를 신문에서 다룰 때에는 가뿐해진 여성의 옷차림 사진이 실리곤 하였는데 그 현장도 바로 명동이었다. 봄이 시작되는 3월 입학 시기가 다가오면 새 옷 한 벌 맞추려고 명동으로 온 식구가 행차하는 것이 즐겁고도 큰 행사거리였는데, 의상을 선택하는 기준은 전무한 수준이라 양장점의 쇼윈도에 전시해 놓은 옷을 보고 그대로 똑같이 맞추어 가는 손님들이 대부분이었다. 따라서 몇 가지 패턴으로 고정되어 있는 스타일 중에서 고객이 선택한 옷을 생산해 내게 되는데, 계절이 바뀌는 봄이나 가을이면 으레 여성들이 입던 스프링 코트의 스타일은 거의 비슷해서 숄 칼라 또는 테일러드, 플랫 칼라를 부착한 형태였고, 맞춤복 주문을 받을 때에는 4체급 정도로 분류해 놓은 스프링 코트의 원형을 기준으로 하여 고객의 키에 따라 길이만 길고 짧게 조절해서 재단해 내던 시절이었다. 이 외에도 어깨를 좁아 보이게 하기 위한 목적으로 어깨를 안쪽으로 몇 센티씩 들어가서 소매를 단 블라우스, 꼭 끼는 타이트 치마, 투피스 같은 것들이 맞춤 양장의 대중을 이루었으며 어느 한 가지 스타일이 유행을 하면 사람들은 개인별로 자신의 개성에 맞추어 유행을 소화하기보다는 거의 모든 여성들이 맹목적으로 그 스타일을 추종하던 때여서, 남다른 스타일의 의상을 착용하면서 개성적인 이미지를 연출하던 소수의 여성들이 더욱 기억에 남는 시대였던 것 같다.

최초의 디자이너 모임 「대한복식연우회」 창설

명동 한복판에 외롭게 서 있던 빌딩에서 출발한 양장점 주변으로 하나 둘씩 점포들이 들어찼고, 정부의 행정, 사법, 입법부가 모두 환도한 때와 발맞추어 서울에는 더욱 많은 사람들이 상경하여 거리가 붐비기 시작했다. 명동의 거리도 서울의

20. 대한복식연우회 회원들 기념사진, 1955년

중심가로 탈바꿈되어 갔으며 유행의 본고장다운 화려한 거리가 조성되었다. 이러한 가운데 양장점의 숫자는 날로 늘어나면서 양장점들은 저마다 많은 손님을 확보하려고 경쟁하는 분위기가 형성되었지만 몇몇 뜻있는 패션인들은 복식계에 종사하는 사람들이 모여서 서로 토론하고 협조하며 한국의 복장 문화를 발전시킬 수 있는 모임의 필요성을 역설하는 바람직한 현상도 생겨났다. 그 중에서도 국제양장사를 경영하는 최경자 씨와 아리사 양장점의 서수연 씨의 주도 아래 많은 이들의 의견 수렴과 수차례의 토론 등을 거쳐 1955년 6월에 「대한복식연우회」를 창설하기에 이르렀다. 대한복식연우회는 양재, 한재, 편물, 수예, 꽃꽂이, 액세서리, 인형, 목공예의 9개 분과로 구성되어 있었다. 초대 회장은 최경자, 부회장은 서수연, 총무는 김경애 씨가 맡고 이외에도 한복 분과 위원장은 석주선, 신사부 분과 위원장은 최복려, 꽃꽂

이 분과 위원장은 김인순, 조화 분과 위원장은 이옥선, 현대자수 분과 위원장은 현덕균, 목공예 분과 위원장은 이정재, 미싱자수 분과 위원장은 박순일, 협회 간사는 방숙자, 미국에서 귀국한 보그 양장점 한희도 씨 등이 각각 일을 맡아 수행했고, 제일편물학원을 경영하는 김순희 씨가 적극적으로 협조를 하였다.

대한복식연우회가 제일 먼저 착수한 일은 양재 술어를 정리하는 일이었다. 당시 복식 디자인 관련 분야, 특히 기술 계통에서 사용하는 용어는 모두가 일본어라 해도 과언이 아닐 정도였다.

또한 대한복식연우회에서는 외국 여행이 자유롭지 못하던 그 시절에 패션 단체로는 최초로 일본 패션업계를 시찰하면서 전후 놀랍게 발전한 일본의 모습에서 많은 것을 배워오는 계기를 가졌다. 특히 조직적으로 다양한 분야의 개발과 활동을 진행해나가는 일본 복식계의 면모는 우리 나라 디자이너들에게 큰 자극이 되었다.

임의 단체로서 대한복식연우회가 여러 가지 활동을 추진해 갈 무렵인 1961년, 정부 기관인 사회부에서는 각종 유사 단체가 난립하여 과당 경쟁이 이는 것을 막기 위해 유사 단체들의 통합령이 내려졌다. 이에 따라 디자이너들은 1960년 8월 27일 모임을 갖고 1961년 6월 23일 민법 제32조에 의하여 사단법인 대한복식디자이너협회를 창설하였다. 회장으로는 김경애, 안윤정, 리미원, 안지희, 김연주, 이영선, 문영자(2001년 현재) 씨에 이르고 있다.

한국 최초의 노라노 패션쇼

피난지에서 서울로 환도하고 얼마 뒤인 1956년 10월 반도 호텔에서는 미국에서 귀국한 노라노 씨가 우리 나라 최초의 패션쇼를 개최하였다. 이 행사는 우리 나라 패션계에서 획기적인 일로 기록되고 있다.

전후의 피폐함에 한줄기 생기를 불어넣는 듯 화제가 되었던 이 패션쇼에서는 그 해 소련에서 처음 발사된 인공위성 스푸트니크의 이름을 붙인 의상도 선보였다. 출품 의상들은 유똥 등의 한복 소재와 밀수로 유입된 옷감들이 대부분이었고 양장을 제대로 입을 줄 몰라 뒷단추를 앞으로 뒤집어 입거나 스커트의 앞과 뒤를 바꿔입는 소동도 비일비재로 일어나는 웃지못할 일이 많았다.

이 시기에 여성들 사이에서는 얇은 미군용 모기장을 뜯어 속이 훤히 비치는 시스루 블라우스를 만들어 입는 것도 유행하였다.

아리랑 드레스의 출현

1959년 미국 캘리포니아 롱 비치에서 개최된 미스 유니버스 대회에 한국 대표로 참가한 미스 코리아 오현주 씨는 세계적인 무대에서 전례가 없는 명성과 인기를

21. 한국의 팔괘를 상징한 아랑 드레스, 디자인 최경자, 모델 서범주, 1963년

22. 미국 캘리포니아 롱 비치에서 개최된 로즈 볼 행진 때 착용한 적색 양단 아리랑 드레스, 디자인 노라노, 1960년

독차지했다. 당시 사회 분위기에서는 한국의 상류 가정 출신의 여대생이 미스 코리아 대회에 출전했다는 사실만으로도 신선한 충격을 주었는데 이에 더 나아가 미스 유니버스 대회에서 주어지는 다섯 가지 상 가운데서 인기상과 연설상, 스포츠맨십상을 독점하였다는 빅 뉴스는 한국 여성들이 국제 무대로 진출하는 데 큰 촉진제 역할을 하였다. 미스 코리아 오현주 씨가 입었던 노라노 씨의 드레스는 신라 화랑복에서 착안한 것으로 청색 양단 소재에 남색으로 배색을 하고 은박으로 장식한 아리랑 드레스로 롱 비치 시민들에게 큰 인기가 있었다.

맘보 바지

영화 배우 오드리 헵번이 여주인공으로 출연한 영화 '사브리나' 상영되면서 혼자서는 입고 벗기도 어려울 정도로 타이트하게 달라붙는 맘보 바지가 유행되었다. 이 바지는 바지끝을 최대한으로 좁게 하여 몸에 꼭 끼는 타이트한 맘보 바지를 발목에서 한 뼘정도 올라가게 짧게 입었다. 여대생들은 이러한 맘보 바지를 입기 위해 발목을 가늘게 하는 데 많은 신경을 쓰기도 했고, 남자들은 꼭 끼는 일명 맘보즈봉, 홀태 바지를 만들기 위해 바지통을 줄여 입는다고 어른들로부터 야단을 많이 맞기도 하였다. 이 바지와 함께 굽이 없는 납작한 신발인 속칭 쫄쫄이 신발과 선머슴 아이처럼 짧게 자른 귀엽고 모던한 커트 머리 모양의 '헵번 스타일'이 대유행하였다. 또한 검정색 가죽으로 만든 하이힐 펌프 신발도 전성 시대를 누렸으며, 이와 함께 줄이 선 스타킹도 멋쟁이의 필수품으로 인기를 누렸다.

23. 모든 여성들에게 유행한 헵번 스타일 머리 모양

24. 영화 '퍼니 페이스'의 여주인 공 오드리 헵번이 착용한 타이트 한 맘보 바지, 1957년

25. 오드리 헵번의 영향을 받아 한국에서 유행한 맘보 바지, 모델 하영애, 1958년

쌕(sac) 드레스와 점퍼 스커트

1958년 무렵에는 자루 형태의 쌕 드레스가 유행하였는데 입은 모양이 풍성하여 임신복으로 착각되는 경우도 있었다. 그리고 블라우스나 스웨터 위에 쉽게 코디하여 입을 수 있는 점퍼 스커트는 나이를 불문하고 유행하면서 많이 착용되었다.

26. 자루 형태의 쌕 드레스, 디자인 서수연, 1958년

27. 점퍼 스커트, 디자인 최경자, 모델 최지희, 1957년

1960년대 패션

28. 피에르 카르댕의 패션쇼 "인공위성" 출품작, 1968년

1960년대 우리 나라는 거국적으로 세계 무대를 향해 발돋움하던 회복의 시대로 급진적인 사회 변화는 국내 패션계에도 커다란 영향을 미쳤다. 시대적으로는 1960년 4·19의거, 1961년 5·16혁명, 1962년 경제개발5개년계획, 1963년 제3공화국, 1964년 비상계엄령선포, 1969년 미국의 우주선 아폴로 달 착륙 등의 일이 주목할 만하다. 이 시기는 생활이 점차로 안정되어가면서 패션에 눈을 뜨는 사람도 많아졌다. 우리 나라에서는 신생활복, 개량 한복, 자루 형태의 쌕 드레스가 유행했고, 단조로운 스타일을 커버하기 위한 액세서리의 과용으로 액세서리의 전성 시대를 이루기도 하였다. 유행을 민감하게 받아들여 다양한 프린트와 슬리브리스 드레스, 너무 넓지도 좁지도 않은 활동하기에 편한 중간 길이 정도의 세미, 양면으로 입을 수 있는 리버서블(reversible) 코트, 길이가 아주 짧은 핫팬츠, 미니 스커트들도 유행하였다. 또한 앙드레 쿠레주와 메리 퀸트가 발표한 미니 룩은 가수 윤복희 씨가 입어 폭발적인 인기를 얻었고, 미니보다 더 짧은 길이의 마이크로 미니까지 등장하여 우리 나라에서는 풍기 단속의 대상이 되기도 했다. 미니 스커트는 구두에도 영향을 미쳐 낮은 굽에 앞부분을 뾰족한 모양으로 한 구두가 유행하였으며 영화 '웨스트사이드 스토리'의 히트는 스포츠 구두의 유행을 일으켰다.

1960년대 중반까지 스커트는 샤넬 라인이 지배적이었으며, 소매 길이는 7~8부 정도의 길이가 주를 이루었다. 화학 섬유가 본격적으로 사용되었고 색상은 초반에는 무채색 계열과 하늘색, 노랑색, 분홍색 등이 유행하다가 후반에는 다소 화려하고 강렬한 색이 많이 사용되었다. 1960년대의 머리 형태는 부풀린 과장된 형태의 불룩한 헤어 스타일인 후까시(부풀림이라는 뜻의 일어)와 머리 위를 많이 부풀려서 올린 일명 바가지 스타일이 유행하면서, 이러한 모습을 본 딴 가발 수출(1962년)과도 연결되었다. 이 헤어 스타일은 머리를 고정하기 위해 헤어 스프레이를 사용해야 했고, 모자 착용시에는 높게 올라간 머리 형태를 유지하기 위해서 작은 크기의 필박스(pillbox) 모자도 애용되었다. 남자들의 헤어 스타일로는 장발이 크게 유행하면서 남자들의 긴 머리는 단속 대상이 되기도 하였다.

패션 업계에서는 '61년 대한복식디자이너협회 결성, '61년 최초의 스타일화과 창설(국제복장학원), '62년 한국복식디자이너협회 주최 제1회 디자인 컨테스트 실시, '63년 최초의 모델링 스쿨 창설(국제복장학원), '67년 최초의 한일 패션쇼(최경자), '68년 첫 패션 전문지『의상』발간 등의 일이 있었다. 60년대에 활동한 디자이너들로는 최경자(국제양장사), 서수연(아리사), 노라노, 김경희(마드모아젤), 이병복, 한희도(버그 양장점), 이종찬, 김순희(제일편물), 미성 양장점(임복순), 한 양장점, 조세핀 조, 김미사, 김복환 등이고 모델로는 이계순, 변자영, 강희, 한성희, 김미자, 조혜란, 도신우 등이 활동하였다.

의복 간소화 운동에 따른 짧은 치마와 재건복

50년대 말에 번진 사치 풍조로 정부에서는 국민에게 실용적인 질긴 옷감으로 만든 재건국민복을 착용하도록 제안하였다. 당시에 재건운동본부장 유달영 씨가 작은 칼라가 높게 선 하이넥의 재건국민운동복을 직접 착용한 모습을 사진으로 볼 수 있다. 공무원의 여름 복장은 검소하고 실용적인 것으로 양복 바지에 넥타이를 매지 않은 셔츠 차림이었다. 여성들에게는 활동에도 편하고 옷감도 적게 소요되는 짧은 치마 입기 운동을 권장하였다. 61년 5·16 쿠데타 이후에 재건국민복 컨테스트를 실시하여 재건국민복을 입도록 붐을 일으켰다.

군사 정권은 또한 '의상 간소화 운동'을 벌였고 농촌에서는 사람들을 모아 놓고 짧은 치마 입기 운동을 하였다. 타이트 혹은 넓은 플레어 치마 대신 중간 정도로 플레어가 있는 넓지도 좁지도 않은 세미라 불리는 적당한 치마폭이 유행하였다.

최초의 국제적인 패션쇼

1962년 5월에는 한국 최초의 국제 패션쇼가 열려 우리 패션사의 한 페이지를 화려하게 장식하였다. 5·16혁명 1주년을 기념하는 산업 박람회가 경복궁에서 열렸는데 그 행사의 일환으로 세계 15개국의 민속 의상과 선진국 일류 디자이너들의 뉴 모드가 우리 앞에 선보이게 된 것이다. 한국 엑스란회(회장 이종천)가 주최하고 공보부와 한국산업진흥회 등이 후원한 이 국제 행사에는 미국, 프랑스, 영국, 서독, 이탈리아, 스웨덴, 덴마크, 인도, 태국, 인도네시아, 월남, 필립핀, 중국, 일본에다 주최국인 한국까지 총 열다섯 나라가 현대 의상이나 민속 의상을 가지고 참가했다. 작품을 보내온 외국 디자이너들 중에는 프랑스의 피에르 가르뎅과 일본의 하라 누부코와 모자 디자이너 구보다 씨가 함께 여러 명의 일본 직업 모델들을 이끌고 직접 내한하기도 했다.

미스 영국이나 미스 프랑스 같은 서양 미인들도 대거 참가해서 준비 과정에서부터 국제적인 쇼다운 분위기를 풍겼다. 한국 디자이너로는 주최측 대표로 최경자 씨가 작품 「청자」를 출품하였다. 당시에는 나일론 망사조차 구하기가 어려웠던 때라 결국은 삼베와 모시에 빳빳이 풀을 먹여 만든 무지개 속치마를 받침으로 사용해 의도했던 청자의 실루엣을 재현하고 여기에 이세득 화백이 직접 학과 소나무를 그리고 그 위에 자수를 곁들였다. 미스 미 해병으로 선출된 키가 큰 김미자 씨가 모델을 하여 선보인 이 드레스는 3일간의 쇼 기간 중 많은 관객들의 박수를 받았다.

29. 이브닝 드레스 「청자」, 디자인 최경자, 1962년.
고려 청자의 유연한 미를 재현한 작품으로 한국 최초의 국제 패션쇼에 출품되었다.

최초의 모델링 스쿨

우리 나라에서 처음으로 전문 모델을 양성하는 모델과가 생긴 것은 1963년 한일 패션쇼가 개최되고 나서였다. 복장 연구를 계속하려면, 또 패션 산업을 개발시키려면, 디자이너 양성 못지 않게 모델을 전문적으로 교육시켜야 한다는 다짐을 하고 최경자 씨는 1964년 국제복장학원에 최초의 모델링 스쿨을 열었다. 강사는 모델 경험이 좀 있는 분으로 열심히 가르치며 나갔다. 모델링 스쿨 1회 졸업생으로 일류급 모델이 된 조혜란, 한성희, 송영심, 김혜란 등을 배출하였다. 그때부터 모델링 스쿨은 인기를 끌었고 모델뿐 아니라 탤런트, 배우, 미스 코리아 등을 많이 배출하였다. .

한일 친선 패션쇼

불우아동들을 위하여 여러 가지 자선행사를 주최하는 이방자 여사가 1964년에 일본에서 한일 친선 패션쇼를 마련하였다. 이 패션쇼에는 최경자, 하영애, 한계석, 이신우, 오은환 디자이너와 조혜란, 한성의, 송영심 등 모델 3명이 함께 일본 순회길에 올랐다. 이때만 해도 일본과의 본격적인 문화 교류는 없던터라 나름대로 꽤 큰 의미를 부여하고 있었다. 이 패션쇼는 동경문화복장학원에서 하루 네 차례씩 이틀 동안 행사를 가졌다. 그후 오사카, 나고야, 후쿠오카 등 주요 도시를 돌며 정

30. 최초로 창설된 모델링 스쿨의 수업 광경, 미니 스커트를 입은 모델 지망생들.

31. 양단 이브닝 드레스(Mini brocade dress)와 자주색 자수 롱 드레스, 한·일 친선 쇼 출품작, 디자인 최경자, 모델 한성희(좌)·이계순(우), 1964년

성들여 마련한 쇼를 30여 차례에 걸쳐 일본인들에게 보여 주었다. 이 순회 쇼는 국제복장학원과 자매교인 일본문화복장학원의 공동주최로, 한국이 먼저 일본으로 가서 전국을 순회하며 쇼를 가진 후 일본팀이 우리 나라로 와 전국을 순회하는 것이었다. 그때 선보인 것은 한복 10여 벌과 현대 의상들로, 우리 모델과 함께 일본 모델을 동원한 이 쇼는 많은 일본인들의 관심을 끌었다. 소재와 디자인과 고유 의상을 그들에게 소개하여 우리 한국의 복식 문화를 새롭게 인식하고 높이 평가받은 것은 흐뭇한 보람이며 더없는 기쁨이었다.

미니 스커트, 핫팬츠의 신선한 충격

32. 월간 패션지 『의상』의 창간호 (1968년 12월). 표지 모델은 미니 스커트를 입은 가수 윤복희 씨, 디자인 박윤정

월간지 『의상』의 창간호인 1968년 12월호의 표지에는 1967년 미국에서 귀국한 가수 윤복희 씨가 선정되었다. 영국 출신의 디자이너 메리 퀀트가 깡마른 10대 소녀 튀기에게 입혀 전세계를 들끓게 했던 미니 스커트가 본격적으로 한국에 상륙한 것은 60년대 중반기 윤복희 씨에 의해서였다. 윤복희는 가냘픈 몸매에 초미니의 경쾌한 스커트 차림으로 TV 브라운관이나 신문지상에 연일 그 모습을 드러냈다. 미니 열풍이 전국을 휩쓸기 시작하자 각 매스컴은 사회 명사나 남녀들의 의견을 빌어 찬반론이 대두되었고 미니의 무릎 위 길이에 대한 공방전이 심심치 않게 지면을 장식했다. 1965년도부터 서서히 선보여 유행을 휩쓸었던 미니는 이제껏 감추는 데에만 주력했던 의상에 일대 변혁을 가져왔다. 특히 남성들의 미니에 대한 호감은 대단한 것이어서 요즈음도 미니를 회상하는 많은 남성들을 보게 된다. 경제적이고 진취적이며 더욱이 섹시한 맛을 강조하는 의상으로서 미니는 그 유행의 시기가 가장 길었던 옷이 아닌가 생각된다. 미니는 68년도를 최고 절정으로 무릎 위 30cm까지 올라갔고 심지어는 마이크로라는 이름의 초미니까지 등장하였다. 특히 미국의 젊은 케네디 대통령이 달에 우주선을 쏘아 올리면서 스커트의 길이도 따라 올라갔다는 점은 패션이 결코 그 시대의 사회 현상이나 정치와 무관하지 않음을 보여 주는 단적인 예라고 하겠다. 또한 미니는 패션 역사에서 가장 인기가 있는 스타일로서 거의 10년마다 그 유행이 되풀이됨을 알 수 있다. 여기에 미니 스커트에 어울리는 목이 긴 장화인 유럽의 부츠가 보급되기도 했으며 헤어 스타일은 후까시 스타일의 가발이 유행하였다. 미니의 유행중에는 소매가 없거나 등이나 앞 네크를 깊이 판 대담한 옷들이 거리를 메우기도 했다. 그 위에 전위 의상이라고 하는 옷과 바디 페인팅 등 상상을 초월한 기발한 표현들이 사회를 뒤흔들었다. 미니와 함께 핫팬츠의 추억도 생생하다.

옷감에 대한 유행 추세도 새로운 면모를 보이기 시작하였는데 오랫동안 한국

33. 검정색 벨벳 탑 색동 미니 드레스, 디자인 최경자, 1967년

여성들의 의식 속에 자리잡고 있던 색에 대한 고정 관념이 점차 사라지기 시작했다. 무늬도 주로 꽃무늬 같은 사실적이고 구체적인 것에서 기하학적 문양 같은 추상화 취향이 두드러져 화려한 예술 취미가 싹트기 시작하는 것을 느끼게 했다.

패션 전문지 『의상』 발간

우리 나라에도 패션 전문 잡지가 있어야 한국 패션계가 크게 발전할 수 있다는 신념으로 최경자 씨가 1968년 11월에 패션 전문지 『의상』을 창간하였다. 이는 새로운 패션의 흐름과 정보를 신속하게 입수하고, 일반인들의 의생활을 좀더 합리적으로 이끌며 한국 패션계의 발전을 도모하고자 함이었다. 창간 당시 편집은 탁명환씨가 맡았다. 무엇보다도 『의상』 지가 패션계에 종사하는 사람들에게 원고를 쓸 기회를 제공했다는 점은 간과할 수 없다. 즉 소재나 봉제 방법, 유행 경향 등을 소개하는 글을 씀으로써 그들 자신이 문화적으로 성숙할 수 있는 계기를 제공한 것은 매우 중요한 사건이다. 사실 패션계에 종사하는 사람 가운데는 내실 없이 명성만 쫓고자 하는 사람들이 많다. 기초에 대한 지식이나 연구 성과 없이 그저 적당히 배워서 명성만 얻겠다는 이들에게 『의상』 지는 은연중에 항상 연구하는 자세와 진정한 실력을 갖추도록 독려하는 역활을 하였다. 하지만 그 모든 노력과 공헌이 지속되지는 못했다. 1968년 12월 우리 나라 최초의 의상 전문지라는 자부심으로 모든 경제적 손실을 감수하며 발간해 오던 『의상』 지는 결국 송별호를 내고 동아일보사에 인수되어 『멋』이라는 제호로 패션 전문지로써의 명맥을 유지시켜 갔지만 그곳에서도 역시 뿌리를 내리지 못한 채 십수 년 만에 휴간되고 말았다.

34. 양단 리버서블 코트, 1968년.

양단 리버서블 코트

여성들은 양장에는 물론이려니와 한복에도 양단으로 된 리버서블 코트를 많이 착용하였다. 한자나 둥근 완자 무늬가 있는 양단으로 앞면과 뒷면을 다른 양단으로 하여 두 가지로 입을 수 있도록 하였다. 칼라는 작고, 소매통은 넓고 길이는 7부로 만들어졌고 앞여밈은 제천으로 만든 싸개 단추나 중국식 매듭 단추로 여미게 하였다.

1970년대 패션

1970년대에는 국제 경제의 안정과 활발한 무역 정책으로 섬유 산업이 호황을 이루어 이것이 우리 나라 무역의 기초가 되었다. GNP가 상승하면서 여성의 사회 참여가 증대되고, 라이프 스타일의 변화에서 비롯되는 패션에 대한 의식 변화는 패션 산업의 가능성을 높여 주었다. 시대적으로는 1973년 1차 오일 쇼크, 1977년 100억불 수출 등의 사건이 있었다.

1960년대까지는 디자이너가 발표하는 대로 유행을 추종하는 데 급급하였던 것에 비하여, 1970년대에는 무릎을 약간 가리는 치마 길이의 샤넬 라인과 3M이라고 부르는 미니, 미디, 맥시 그리고 청바지, 바지통이 넓은 판탈롱, 가장 짧은 길이의 핫팬츠 등 여러 패션이 혼합된 시기로서 전문가들은 이때를 유행의 춘추전국시대라고 한다. 또한 이와 때를 같이하여 값싼 합성 섬유, 신축성 있는 폴리에스테르 저지(jersey)가 대유행하면서 거의 모든 의상이 저지 소재로 만들어졌고, 의생활이 다양하게 변모하는 데 큰 몫을 하는 한편 대중 매체인 TV가 패션 발전에 큰 공헌을 하였다. 70년대 후반부터 대량 생산된 기성복의 영향으로 패션의 대중화가 시작되었고 청바지와 디스코 바지, 고고춤의 유행 등에 맞춰 TPO(Time Place Occasion) 개념도 일반인들에게 도입되기 시작하였다.

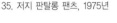

35. 저지 판탈롱 팬츠, 1975년

바지통이 넓은 판탈롱의 유행과 함께 어깨에 메는 큰 가방, 신발 앞부분에 단을 높이 댄 신발들이 등장하여 키가 더 커보이고 싶어 하는 여성의 욕구를 충족시켜 주면서, 판탈롱이 통기타, 생맥주와 함께 젊은이들의 상징으로 여겨졌다. 또한 실용적이고도 튼튼한 소재인 진(jean)으로 된 의상들이 함께 뿌리를 내리기 시작하였는데, 통기타 가수들의 등장으로 청색 진의 선호도가 높아지자 의류 제조 업체들이 일제히 진 바지의 생산에 들어가게 되었으며 남대문과 동대문 시장이 거대한 상권을 장악해 나가기 시작하였다.

1970년대 초 국내 여성 의류 산업의 수준은 소수의 디자이너들이 소규모 부띠끄의 형태로 기성복을 생산, 판매하는 명동의 의상점들이 인기가 있었으나, 72년 화신 그룹의 레나운, 74년 LG 반도패션, 77년 코오롱 주식회사의 벨라, 제일모직의 라보떼, 삼성물산 등의 대기업이 기성복 제조에 착수하면서 패션 산업의 막이

열렸다. 1970년대 중반부터는 집시 스타일, 1975년 말부터는 블래이저 재킷, 사파리 재킷의 등장으로 본격적인 기성복 패션이 시작되면서 젊은층이 티셔츠와 진을 즐겨 입자 패션 업계는 캐주얼 웨어(casual wear)의 붐을 일으켰고, 71 - 핫팬츠, 72 - 빽바지 스타일의 진, 73 - 인체의 곡선을 드러내는 디자인, 74 - 판탈롱 수트, 재킷, 75 - 월남 치마, 76 - 빅 라펠, 77 - 옷을 겹쳐 입는 레이어드 룩, 니트 조끼, 78 - 해적, 펑크 룩 등이 시대별로 유행을 이끌었고, 홈 웨어의 대명사라고 불리운 신즈 부띠끄(신혜순)는 로맨틱한 프린트를 계속 개발하여 레이스를 트리밍한 여성답고 아름다운 홈웨어를 대유행시켰다. 일반인들의 생활 속에서는 70년대에 슈퍼 체인점과 이민의 붐이 일었고, 춤은 고고가 그 인기를 구가하였다. 헤어 스타일로는 커트 붐의 전성기로 쉐기 커트, 일명 거지 커트와 숏 커트가 유행하였고 블로우 드라이라는 새로운 미용 기구와 기법에 의해 유연하고 자연스러운 머리결을 살리는 웨이브 스타일이 유행하였는데, 남성들의 장발 스타일은 사회적인 물의를 일으키기도 하였다.

진 기성복 모드

광부의 노동복에서 기원된 진의 패션은 영국과 같은 보수적인 국가에서도 애

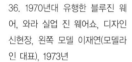

36. 1970년대 유행한 블루진 웨어, 와라 실업 진 웨어쇼, 디자인 신현장, 왼쪽 모델 이재연(모델라인 대표), 1973년

용될 정도로 영향력 있는 의상 아이템으로 인식되고 있는데 우리 나라에서는 1970년대부터 젊은층들이 서서히 진 패션을 받아들이기 시작하여 1970년대 중반에 접어들면서는 '진 패션'이 거리에 넘쳐나기 시작했다. 진을 둘러싸고 신세계와 미도파 백화점간에는 치열한 경쟁이 시작되었고 고급 기성복임을 표방하는 '진 숍'이 대학가마다 들어서게 되었다. 큰 봉제 공장이나 변두리의 작은 맞춤복 가게들까지도 모두 합세하여 본격적인 진상품 생산에 참여하던 그 시절, 국내에서 처음으로 진 패션을 대량 생산하여 유통 판매를 시작한 곳은 와라 실업이었다. 와라 실업의 대표 신현장 씨는 1973년 4월에 회사를 설립하고 최초로 진 웨어 패션쇼를 개최하는 등 젊은이들에게 진을 유행시키는 교두보 역할을 담당하기도 했다. 이렇게 젊은층이 티셔츠와 진을 즐겨 입기 시작하자 패션 업계에는 캐주얼 웨어의 붐이 일었고, 백화점들도 기성복 판매 이외에 진 담당의 전속 디자이너를 두고 판매 경쟁에 열을 올렸다. 계절의 변화나 성별, 나이에 구애받지 않고 입을 수 있는 이 옷은 만드는 이의 아이디어와 입는 사람의 코디 감각에 따라 다양하게 멋을 낼 수 있어 옷값이 비싼 올드 패션을 뒤로 밀어내고 발랄하고 생동적인 모습으로 의류 시장을 잠식하였다.

특히 젊은이들의 사랑을 받았던 진 바지는 70년대에 빼놓을 수 없는 젊은이들의 상징적인 문화 요소로서, 청바지를 입고 통키타를 둘러맨 모습이나, 남미 목동들의 민속 의상에서 유래된 판초에 청바지를 입은 모습은 어디서든지 쉽게 볼 수 있는 풍경이 되었다. 청바지는 "기성 세대에 대한 반발과 분노를 상징한다"는 맥루헌의 말처럼 한때 청바지는 불량을 연상시키기도 했으나 그 실용성은 70년대에 남녀노소를 불분하고 기본 패션으로 애용되면서 70년대를 대표하는 유행은 오로지 블루진이라고 할 정도로 그 인기가 절정에 치달았다.

통이 넓은 판탈롱 팬츠, 핫팬츠, 저지 옷감

바지 길이가 짧은 핫팬츠가 70년대 중반에 유행하여 다리가 긴 사람들은 각선미를 자랑하고자 즐겨 착용하였으나, 각선미가 예쁘지 않은 사람들은 핫팬츠 위에 긴 조끼를 입어서 다리를 커버하는 여성도 있었다. 초반에 불었던 미니 스커트의 열풍은 어느날 아침 요란한 넓은 바지의 행렬 속으로 묻히는가 싶더니, 70년대 후반부터는 젊은이들에게 미니, 미디, 맥시 등의 다양한 길이가 유행하며 여러 가지 스타일이 점차적으로 함께 공존하였다. 특히 짧은 미니 스커트와는 대조적으로 길이가 길어지고 바지 밑단이 과장되게 넓어진 판탈롱 바지(일명 나팔 바지)가 대유행을 하면서, 고등학생들까지도 선생님의 눈을 피해 교복 바지 밑단을 넓혀 입을 정도로 폭발적인 인기를 얻었다. 경우에 따라서는 바지 밑단의 둘레가 약 200cm나 되어 스커트보다 더 넓은 밑단으로 길거리를 온통 쓸고 다니기도 하였는데, 90년대

37. 핫팬츠 차림, 1972년

38. 판탈롱 팬츠와 점퍼 수트, 디
자인 신혜순, 모델 이계순, 1975년

39. 저지 그래픽 드레스, 디자인 문광자

말에도 청소년들이 골반에 걸치도록 내려서 입는 힙합 바지 밑단으로 거리를 쓸고 다니는 것과 비교해 볼 때, 세대를 넘어선 유행의 공감대를 느낄 수 있게 해준다. 이때에는 굽이 높은 통굽 구두도 함께 유행을 하였으며, 판탈롱은 히피 스타일과 진이 유행하면서 점차 실용적인 스타일로 변형, 유도되었다. 70년대에는 보다 스포티하고 캐주얼한 스타일이 유행하면서 저지나 니트 소재로 된 의상들이 많아졌고, 그래픽 무늬들도 눈에 띄게 사용되었다.

조끼의 유행

1970년대 또 하나의 재미있는 유행 아이템은 조끼이다. 어른들의 의상뿐만 아니라 아동복에서도 이러한 경향을 찾아볼 수 있다. 길이와 소재도 다양해져서 드레스처럼 발끝까지 오는 길이의 롱 베스트, 힙을 덮을 수 있는 길이의 조끼가 있었는가 하면 양단 옷감에서부터 가죽까지 소재도 다양했다. 스타일도 타바드(tabard)라고 불리는 몸판 앞뒤에 길고 헐렁하게 네모진 천조각을 늘어뜨리고 옆구리에서 끈으로 서로 연결되도록 처리한 것에서부터 일자형, 히피 스타일에서 영향을 받아 술 장식의 디테일이 달린 조끼 등 여러 가지 형태가 착용되었다.

40. 히피 스타일에서 영향받아 술 장식이 재미있게 응용된 아동복 조끼, 1974년

41. 자수로 수놓아 동양미와 화려함을 강조한 앙드레 김의 초창기 작품, 1972년

42. 화려한 양단 옷감을 소재로 한 롱 베스트, 1976년

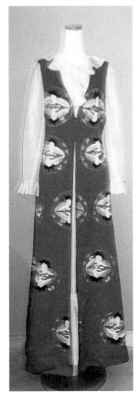

1980년대 패션

1980년대는 경제적, 문화적으로 많은 변화를 가져온 시기였다. 컴퓨터, VCR(Video Cassette Recorder), CD(Compact Disk), CAD(Computer Aided Design)의 등장은 새로운 기술 혁신 시대의 문을 열었고 오피스 혁명과 산업 구조의 변혁을 이루었다. 86년 개최된 아시안 게임과 88년 서울 올림픽 등의 국제적인 행사는 스포츠에 대한 관심을 고조시켰으며 해외여행 자유화, 수입 자유화와 같은 개방 정책은 국제적인 교류뿐만 아니라 외국과의 문화 접촉 기회를 증가시키는 계기가 되었다. 한편 수출이 증가되고 안정적인 경제 성장도 이루어졌으며, 여성의 사회적 지위가 높아짐에 따라 전반적인 생활 수준이 향상되었고 여가를 중시하게 되었으며, 개인의 취향도 감성화 · 다양화 · 개성화되어 이러한 요구에 부응하는 고감도의 패션 산업이 발달하기 시작하였다.

정부의 개방 정책은 패션계에도 영향을 미쳐 국제적인 패션쇼가 개최되고 국내 디자이너들이 해외 패션쇼에 참여하는 등 활발한 디자인 활동을 하는 계기가 되어 국외와 국내간의 패션 경향의 시차를 최소화시켰다. 또한 해외 브랜드가 라이센스(license) 형태로 도입되었으며 국내 브랜드도 가격, 연령, 라이프 스타일에 따라 세분화됨으로써 본격적인 패션의 국제화 시대에 들어서게 되었다.

특히 83년 문교부가 본격적으로 시행한 교복 자율화의 영향으로 청소년 캐주얼 웨어가 패션화되어 중저가 캐주얼 브랜드와 진 브랜드의 주니어 패션을 중심으로 기성복 패션 산업이 붐을 이루었으며, 70년대 경제 성장과 함께 자란 '신세대'의 출현과 더불어 더욱 감각적이고 개성 있는 영 패션이 선보이게 되었다. 87년에는 청소년 캐주얼 시장이 확대됨에 따라 진 브랜드들이 호황을 이루었다. 86년 아시안 게임, 88년 서울 올림픽 등의 국제적인 행사는 스포츠에 대한 관심을 증가시켜 스포츠 웨어가 유행하였으며, 스포츠 브랜드가 활성화되는 계기가 되었다. 또한 레이어드 룩과 토탈 패션 경향이 확대되는 등 코디네이션 개념이 점차 그 중요성을 더해가게 되었다.

GNP의 성장과 함께 보급된 컬러 TV 방영으로 인해 스타들의 패션이 직접적으로 유행을 선도하는 역할을 하게 되었는데 국내 패션 잡지인 '멋'의 창간과 여성 교양지의 대거 출현도 패션의 흐름을 윤택하고 풍요롭게 하는 데 영향을 미쳤다. 한편 1980년대 이후에는 남성 양복도 보다 다양해졌다. 재킷과 바지 모두 풍성한 실루엣이 유행했으며 색상도 화려해졌다.

패션 경향

1980년대는 안정적인 경제 성장을 바탕으로 한 생활 수준의 향상에 따라 라이프 스타일(life style)이 다양화되어졌다. 따라서 개인의 취향도 감성화·다양화·개성화되어 패션에서도 이러한 요구에 부응하는 고감도의 개성을 추구하는 경향이 뚜렷해진 시기였다. 여기에 정부의 개방 정책이 합세하면서 본격적인 패션의 국제화 시대가 도래되었다. 또한 여성들의 지위 향상과 사회 진출로 패션의 본격적인 캐주얼 시대가 시작되었다.

80년대 중반의 패션 실루엣은 어깨를 크고 둥글게 살려 입체적으로 강조한 것이 특징이며, 80년대 후반에는 엘리건트한 캐주얼이 등장하여 날씬한 몸매를 강조한 바디 컨셔스(body consious) 라인과 50년대의 복고풍 실루엣으로 여성의 고전적인 아름다움이 부각되었다. 또한 프렌치 펑크가 새 모드로 등장하였다. 펑크는 런던에서 출발한 것으로 음악에서의 안티 무드(Anti mood)와 같이 젊은층에서는 훨씬 전부터 볼 수 있었지만 이 시즌에 급격하게 패션계를 휩쓸었다. 여성의 원피스 드레스는 30년대나 40년대를 연상케 하는 로우 웨이스트에 전체적인 흐름은 직선적이면서도 정숙한 라인으로 구성되어 어깨가 편안하고 웨이스트도 자유롭고 편안한 스타일이 유행하였다

43. 블루진의 유행, 멋, 1987년 4월

영 패션의 발전

70년대 경제 성장과 함께 성장한 신세대의 출현은 감각적이고 개성 있는 영 패션이 발전할 수 있는 요인이 되었다. 교복 자율화의 영향으로 청소년의 캐주얼 웨어가 패션화되어 중저가 캐주얼 브랜드와 블루진 브랜드의 주니어 패션(junior fashion)을 중심으로 한 기성복 패션 산업이 붐을 이루었다. 특히 높은 품질과 합리적인 가격을 주장하며 고가 시장과 저가 재래 시장의 빈틈을 뚫고 청소년층을 타깃으로 중저가 브랜드를 표방한 이랜드(Eland)는 신화 창조로 일컬어질 만큼 급성장을 보였으며, 이외에 브렌따노(Brenntano), 언더우드(Underwood), 헌트(Hunt)가 차례로 런칭되어 기존의 하이캐주얼(high-casual)과는 차별되는 독자적인 캐주얼 영역을 확보하며 급성장 할 수 있었다. 진 시장 또한 활기를 띠게 되었는데 기존의 뱅뱅(Bang Bang), 화이트 호스(White Horse) 등의 국내 브랜드 외에도 죠다쉬(Jordashe), 리바이스(Levis) 등의 라이센스 진 브랜드가 활성화되어 샌드워시(sand-wash)된 스노우진(snow-jean), 칼라 진의 유행과 함께 패션 진의 전성기를 이루었다.

44. 스포츠 웨어의 일상화, 멋,
1989년 5월

스포츠 웨어의 일상화

86년 아시안 게임, 88년 서울 올림픽 등의 국제적인 대규모 행사는 스포츠에 대한 관심을 증가시켜 스포츠 웨어가 유행하고, 스포츠 브랜드가 활성화되는 계기가 되었다. 88올림픽 이후 스포츠 시설, 헬스 클럽, 에어로빅 등 건강과 체력 향상에 대한 관심이 높아지고 개인 생활 추구 경향에 따른 여행과 여가 시간에의 투자 증대로 레저 스포츠에 대한 인식이 확대되면서 기능적인 운동복뿐만 아니라 레저 스포츠 의류의 착용이 급격히 늘어났다. 이 의류들은 스포츠를 위한 기능적인 목적 이외에도 여가복으로서의 개념이 강해져 운동복으로만 입는 것이 아니라 여행시나 야외에 놀러갈 때 입는 편안한 차림으로도 입게 되었다. 나이키(Nike)와 프로스펙스(Prospects), 아디다스(Adidas) 등과 올림픽을 앞두고 오픈된 라피도, 엘레세, 리복 등 스포츠 웨어가 부각되었고 프로스펙스나 나이키와 같은 운동화 전문 회사들은 교복을 대신할 스포츠 캐주얼 웨어를 만들어 새로운 시장을 형성하게 되었다.

코디네이션 패션 유행

80년대 레이어드 룩(layered look)은 여러 방법으로 겹쳐 입는 코디네이션 패션이라는 새로운 디자인 개념을 제시했다. 이러한 패션 경향은 착용자의 개성에 따라 다양하고 독특한 분위기를 연출할 수 있게 했으며, 이는 디자이너가 제시한 의상을 선택하던 예전과는 달리 착용자 자신이 직접 새로운 의상을 창조하고 연출할 수 있을 만큼 세련된 안목을 갖게 되었음을 의미한다.

80년 초에는 캐주얼 웨어를 중심으로 레이어드 룩이 바지와 셔츠, 조끼, 재킷, 코트 사이에서 남성적이고 세련된 도시풍의 패션으로 유행하였다. 85년 가을과 겨울에는 복고적 경향을 띠는 세계적 흐름에 맞춰 단순한 선과 여성적인 분위기를 기본으로 하는 페미닌 레이어드 룩(feminine layered look)이 인기를 끌면서 소재도 가볍고 부드러운 캐시미어, 벨로어가 많이 사용되었다. 특히 페미닌 감각의 레이어드 룩은 액세서리와의 조화에 신경을 많이 썼다. 말기로 가면서 바디 컨셔스의 피트 앤 플레어(fit & flare) 라인으로 변화하는 가운데 패드로 어깨를 강조한 정장 스타일과 캐주얼 스포츠 웨어가 동시에 유행했다. 머메이드, 트럼펫을 비롯한 새로운 실루엣의 스커트가 등장했으며 특히 팬츠가 크게 유행해 조드퍼즈, 커트오프 팬츠(cutoff pants) 등 일명 '디스코 바지'에서 통바지에 이르는 다양한 라인이 여성들 사이에 인기를 끌었다.

45. 코디네이션 패션 – 레이어드 룩, Fashion Today, 1994년 4월

46. 디스코 바지의 유행, 멋, 1990년 7월

MTV(Music TV)의 등장과 앤드로지너스 룩(Androgynous Look)

컬러 TV의 보급이 대중화됨으로써 유행의 전파 속도가 가속화되었으며 보이 조지 등 팝 가수들의 영향으로 84년 말부터 여성복의 매니쉬(manish) 현상과 짧은 커트 헤어 스타일, 록 가수들의 여장이나 남장 화장과 남녀 의복을 겹쳐 입는 앤드로지너스 룩이 등장하기 시작하였다.

앤드로지너스의 의미는 '자웅동체', '양성공유'란 뜻으로서, 여성과 남성이 가지고 있는 특성을 부정하지 않고 여성이 남성의 복식을 착용하고, 반대로 남성이 여성의 복식을 착용함으로써 여성적인 것과 남성적인 것을 교차시켜 아름다움을 표현한 것이다. 여성복의 매니쉬 현상과 1980년대 들어 다이애나 황태자비에 의해 유행된 짧은 머리의 헤어 스타일과 록 가수들의 여장이나 남성의 메이크업, 남녀의 구별없이 자유롭게 걸쳐 입은 무대 의상 등에서 앤드로지너스 룩을 찾아볼 수 있다. 앤드로지너스 룩은 남녀 구별없이 마음대로 옷을 입어 '남녀 공용의 의복'으로 이야기되는데 이는 형식에 얽매이지 않으며, 성 역할의 차이가 사라지고 있는 오늘날, 성을 초월한 하나의 개성적인 존재로서의 인간의 이미지를 부각시킨 것이라 할 수 있다. 이는 일종의 유니섹스 룩에 포함되며 캐주얼 웨어에서 시작된 유니섹스 모드는 여성의 사회 활동이 증가하면서 때와 장소의 구별없이 착용하게 된 바지를 매개로 하여 다양한 형태로 확산되었다. 우리 나라에서는 이선희, 이상은 등 보이 쉬한 여가수의 폭발적인 인기와 아울러 유니섹스 모드가 유행했다.

47. 앤드로지너스 룩, 멋을 아는 생활, 1993년 Fall

48. 유니섹스 모드의 유행, 멋, 1988년 8월

남성복, 아동복의 패션화

　가장 변화가 없었던 남성복, 아동복에서도 패션화가 두드러지게 나타났고 나이대별, 가격별, 라이프 스타일별로 다양하게 세분화되기 시작하였다. 캐주얼과 스포츠 웨어의 영향은 신사복에도 영향을 미쳐 스포티한 감각의 캐릭터 캐주얼이 신사복에서 부각되었으며, 이 시기의 남성복은 스포츠 웨어의 발달로 캐주얼한 정장 스타일이 착용되었다. 특히 1980년대에 등장한 여피(Yuppie ; young urban professionals)는 유명 디자이너 의상을 입고 롤렉스 시계를 차고 비싼 차를 운전했다. 여피 남성들은 주로 넓은 어깨와 이탈리아풍의 긴 재킷, 밑으로 가면서 좁아지는 바지에 생가죽 구두나 끈 달린 단화를 신고 멋진 더블 브레스티드 수트를 착용했다. 재킷과 바지 모두 풍성한 실루엣이 유행했으며 색상도 화려해졌다.

환경 문제 대두와 에콜로지 룩(Ecology Look)의 유행

　오존층의 파괴와 온실 효과, 생태계의 파괴로 인한 환경 문제가 대두된 80년대에는 환경을 보호하고 자연으로 돌아가자는 의식이 확산되었다. 이러한 경향은 자연 소재 및 문양과 자연을 주제로 한 디자인과 색상이 유행하였고, 자연스러운 선을 강조하는 등 복식에 다양하게 표현되었다.

49. 캐주얼 감각의 남성복, 멋, 1987년 4월

50. 여피족, 멋, 1989년 5월

51. 에콜로지풍의 유행-자연 소재, 1990년 7월

52. 에콜로지 풍의 유행-꽃무늬 원피스, 1990년 7월

디자이너들의 세계 진출

80년대는 세계화의 바람과 동시에 자국 문화에 대한 정체성과 자긍심을 추구하기 시작한 시기이기도 하다. 가장 한국적인 것이 가장 세계적인 것이라는 점을 내세우며 디자이너들의 작품에서도 한국적인 요소들이 강하게 등장하는가 하면 '질경이' '여럿이 함께' 등에서는 전통의 한복을 생활 한복으로 개선하여 편하고 쉽게 일상복으로 입을 수 있도록 하였다.

85년부터 국내의 디자이너 캐릭터 브랜드들이 파리 기성복 박람회인 프레타 포르테에 참가하기 시작하였으며 86년에는 세계적인 컬렉션을 목표로 한 서울 국제 기성복 박람회(SIFF)가 열렸다. 또한 89년 처음으로 외국의 컬렉션과 같은 패션 쇼가 열렸으며 국내 디자이너들이 일본의 디자이너들의 쇼에서 자극을 받고 함께 모여 SFA(SFAA의 전신)를 결성하여 지금까지 이어져 오고 있다. 또한 디자이너 지망생들의 가능성을 발굴하고 도약시키는 데 바탕이 된 '대한민국 섬유 패션 디자인 경진 대회'가 83년부터 시작되어 학생들이 창의성을 마음껏 펼치면서 산업체와 교류하거나 국외에서 패션을 수학할 수 있는 기회가 주어졌다.

한국에서의 미술 의상은 85년 주한 미문화원에서 '미국 미술 의상전'을 전시하는 것이 계기가 되면서 시작되었다. 86년 개최된 '86년 미술 의상전'에는 섬유 미술가, 의상 디자이너, 의상 관련 학과의 대학 교수들이 모여 함께 출품하고 '87 현대 의상전'과 '88 Art to Wear' 의상전이 국립현대미술관에서 초대전으로 확대되어 전시됨으로서 일반 대중에게 미술 의상을 널리 알리고 인식과 안목을 높이는 기회가 되었다.

53. 해빙 *Thawing*, 배천범, 현대 의상전, 1987년

1990년대 패션

글로벌리즘(globalism)의 대두로 국가간의 교류가 활발해지면서 패션은 국가나 문화의 장벽을 쉽게 뛰어넘는, 보다 국제적인 것이 되었다. 세계 대도시 어디를 가도 비슷한 형식으로 디스플레이된 디자이너들의 쇼윈도우와 상품들을 볼 수 있게 되었으며, 우편 주문 등의 새로운 판매 방식에 의한 국제적 소비 또한 증가하면서 세계는 같은 패션을 보고, 같은 패션을 소비하는 '국제적 패션 시장'의 성격을 띠게 되었다.

90년대의 패션은 포스트모더니즘 사조의 영향으로 어떤 양식이 정해져 있지 않고 다양한 스타일이 혼합되는 양상을 보인다. 즉 이 시기는 '탈유행의 시대'로, 다양한 트렌드의 패션이 동시에 유행하는 현상을 보였다. 특히 복고 패션이 많이 선보였으며, 디자인뿐만 아니라 착장법도 다양해지면서 이전에 함께 사용하지 않던 소재나 색상을 대비시키거나, TPO(Time Place Occasion)가 다르다고 여겨져서 함께 사용하지 않던 아이템을 함께 입는 등 개성 있는 의복 연출이 가능해졌으며, 지위나 신분보다 개인의 취향이 옷을 입는 방식을 결정하게 되었다. 또한 건강과 여가에 관련된 스포츠 웨어와 레저 웨어의 개념이 더욱 확대되었고, 환경과 자원 보존에 대한 관심의 증가로 면직물과 린넨을 사용한 그린 패션이 유행하였다.

싸고 다양한 상품을 갖춘 동대문 패션 타운 등의 재래 시장의 부활, 'X세대'와 '미시족'의 출현, 대중 스타들의 패션에 대한 영향력 증가 등은 90년대에 나타난 새로운 사회 · 문화적 변화들로 패션의 흐름에도 지대한 영향을 미치게 되었다.

1990년대는 20세기의 마지막 10년간으로서, 정치 · 경제 · 사회 · 문화적으로 그 이전과는 구별되는 여러 경향을 보인다. 전쟁과 이데올로기의 대립으로 점철된 20세기는 후반 냉전 체제의 종식으로 새로운 전기를 맞게 되었다. 세계 경제가 미국 중심으로 재편되는 동안, 유럽에서는 1992년 유럽 경제권 내에서 성취시킨 단일 시장을 위한 새로운 경제 정책을 시행하게 된다.

93년 우루과이 라운드 협정 타결로 우리 나라는 상품 · 금융 · 건설 · 유통 · 서비스 등 모든 분야에서 외국에 문호를 개방하게 되었으며, 이에 백화점은 밀려드는 외국 유명 제품들에 '명품'의 자리를 내주게 되었다. 한편 정부는 시장 개방 정책을 더욱 강화하기 위해 96년 서방 선진국들의 경제협력개발기구(OECD)에 가입하였고, 이에 맞추어 낙후된 분야의 경쟁력을 높이기 위해 '세계화(globalism)'를 강조하였다. 그러나 이러한 경제 정책은 결국 97년 말 외환 위기를 초래하였고 이른바 'IMF 구제 금융 시대'를 맞게 되었다. 따라서 패션 산업을 비롯한 소비재 산업이 크게 위축되어 도산하는 패션 관련 업체들이 속출하였다. 국민들의 일상 생활도 대형 사건과 사고로 점철되었다.

그러나 세계화는 패션이 전세계적인 현상이 되는 데에 큰 이바지를 하였으며, 이 밖에도 케이블 텔레비전 등을 통하여 외국의 위성 방송을 손쉽게 접할 수 있게 되어 패션은 말 그대로 일상인들의 대화거리이자 관심거리, 그리고 직접 행동으로 옮길 수 있는 보다 대중적인 어휘가 되었다.

또한 엘니뇨와 라니뇨 등 기상 이변이 일상적 현상이 되자 92년 리우 환경 회의에 185개국이 참가, 지구촌 환경 문제에 대하여 회의를 열게 되었다. 환경의 중요성 강조는 국내에서도 안면도 주민들의 핵폐기물 처리장 건설 반대 시위(90년)로 촉발된 환경에 대한 관심이 다음해 3월 낙동강 페놀 오염으로 국민에게 위기감을 고조시켰다. 이러한 맥락에서 20세기적인 산업으로 여겨지고 있는 섬유 산업은 국내외에서 환경 오염 물질을 방출하는 대표적인 산업으로 인식되면서 변화되는 모습을 보여줄 필요가 절실히 요구되었다.

패션 경향

90년대 초반에는 미래를 꿈꾸던 40년대의 파리 느낌의 도시적인 캐주얼풍의 개성적인 조화를 이룬 스타일과 부피가 큰 파커 같은 큰 상체의 몸에 밀착되는 타이트한 스트레치 팬츠들을 많이 착용하였고 바지통이 넓은 판탈롱 팬츠, 속이 환히 들여다 보이는 환상적인 레이스로 된 길이가 긴 조끼 등이 다시 유행하였다. 마음을 편안하게 하는 입었던 옷 같은 중고 감각의 실용적인 스타일에 캐주얼한 세퍼레이츠 룩(separates look)과 자연지향의 에콜로지(ecology) 패션의 영향으로 액세서리나 디테일도 전원적이거나 민속적인 풍의 느낌들로 마무리되었다. 90년대 후반에는 계속되는 불경기로 화려한 디자인보다는 기본적으로 수명이 긴 상품들이 선호되었다.

X세대와 미시족 출현

베이비 붐 세대에 이어 등장한 'X세대'로 불리는, 이전 세대와 차별화된 신세대와 미혼처럼 살아가는 신세대 주부를 지칭하는 미시족이 대중 문화의 키워드로 급부상하면서 그들을 타깃으로 하는 시장이 본격적으로 부상하였다. 또한 기혼 성인 여성을 주 대상층으로 하는 유사한 브랜드들의 잇단 런칭으로 인해, 이들을 대상으로 한 브랜드들이 홍수를 이루는 시기이기도 하였다.

54. 미시족의 전형, 패션투데이, 1994년 8월

중요해진 연예인 패션

1992년 서태지의 등장은 우리 나라 가요계나 패션계에서 의미하는 바가 크다. 그의 노래는 물론이고, 그가 입은 옷은 곧 그의 팬들이 입고 싶어하는 옷이 되었다. 서태지는 오늘날 흔히 이야기되는 스타 마케팅이 흔치 않았던 시대에 그가 입었던 의류 브랜드를 인기 브랜드로 만드는 최초의 본보기가 되었다. 이러한 패션에서의 연예인, 연예 관련 이벤트의 중요성은 점차 커져서 가수나 배우, 탤런트가 입는 옷은 'XX패션' 이라는 이름으로 판매되어 '인기 연예인= 최첨단 유행의 아이콘' 이라는 등식이 성립하게 되었다. 한 예로 96년 MBC TV에서 방영되었던 '애인' 이라는 드라마는 '애인 신드롬' 을 만들어내면서 인기를 끌었는데 드라마 속에서 여주인공이 착용하였던 액세서리와 남주인공이 착용하였던 푸른색 와이셔츠는 당시 없는 사람이 없을 정도의 히트 아이템이 되기도 하였다.

55. 서태지 패션, Elle, 1995년 11월

56. DJ DOC의 힙합 패션, 패션 리더, 1996년 4월

거리 패션의 영향력

93년 페리 엘리스(Perry Ellis)사의 기성복 디자이너 마크 제이콥스(Marc Jacobs)는 '그런지(Grunge)' 를 테마로 한 음악과 거리, 젊은이들의 문화에 영향을 받은 컬렉션을 발표하였다. 또한 90년대에 걸쳐 패션을 비롯한 대중 문화 예술의 한 축이 되었던 힙합(Hip-Hop) 역시 패션에 한정해서 볼 때 기본적으로 거리 패션의 하나라고 할 수 있다. 힙합 패션이 암시하는 것은 사회적으로 무시 당하는 대도시의 어느 공간에서 '경계를 사는 삶' 이라는 것은 어느 정도 위험하고 어느 정도 즐거운 것임을 보여 주는 것이며 이것이 의복 스타일로 가시화된 것이다. 낡고 거친 느낌의 그런지 패션은 평범한 여성들에게까지 채택되었으며, 그런지와 힙합으로 대표되는 하위 문화 패션은 스트리트 패션이 하이 패션으로 채택되어 전파된 경우로, 90년대 들어 전체 패션 시장에서 스트리트 패션의 영향력이 점차 커지기 시작하였음을 보여 주는 단적인 예이다.

57. 힙합 패션의 유행, 패션리더,
1996년 9월

58. 스트리트 패션의 활성화, 패션마케팅, 1998년 9월

재래 의류 시장의 부활

　98년 동대문에 점포 수 2000여 개 이상의 '백화점형 상가' 들이 들어서기 시작하면서 재래 의류 시장 부흥의 계기가 마련되었다. 성공이냐, 실패냐 하는 평가가 엇갈리는 가운데에도 이들은 '동대문 패션 타운' 이라는 신소비 시장의 형태를 이루면서 국제적 패션 관광 명소화되어 국내외의 엄청난 수의 패션 소비자들을 유인하고 있다. 이러한 재래 시장이 주목받게 된 이유는 국제적인 패션쇼나 유명 국내 브랜드 의류를 재빨리 '벤치마킹' 해 비슷한 상품을 저렴한 가격에 판매하기 때문인데, 이는 여러 가지 논쟁거리를 제공하고 있기는 하지만, 싸고 다양한 상품과 2-3일이면 납품 가능한 초스피드 생산 시스템을 갖추고 있다는 점 때문에 국내외 상인들이 동대문 패션 타운을 계속 찾게 만들고 있다.

59. 동대문 패션 타운, 1999년 11월

새로운 판매 방식의 급증

　90년대의 소비자들은 80년대의 화려한 삶을 지향하던 여피의 시대를 보내고 보다 실용적인 구매 행위를 보이기 시작했다. 따라서 판매업체들도 계절이 지난 상품을 아주 싼 가격에 판매하는 소위 '떨이 세일(clearance sale)' 보다는 일년 내내 신상품을 세일하는 판매 전략을 쓰기도 하였다. 디자이너 브랜드들은 기존의 고가로 책정된 특정 고소득층을 겨냥한 판매 전략에서 벗어나 실질적 판매율을 높이고 브랜드의 이미지를 쇄신하기 위한 전략으로 소비자층의 연령대를 낮추고 가격대를

저렴하게 조정한 상품군들을 제2의 브랜드로 내놓고 판매를 도모하기도 하였다. 한편 우편 주문, 인터넷 주문 등의 새로운 판매 방식에 의한 소비 또한 증가하게 되었다.

해외 유명 브랜드의 수입

93년 7월 1일 3단계 유통 시장 개방 조치 이후 하반기에 집중적으로 이루어진 베네통(Benetton), 라코스테(Lacoste), 피에르 가르댕(Pierre Cardin) 등 세계 유명 의류 총수의 내한과, 곧 이어 이루어진 이들 브랜드의 수입, 각종 잡지를 통한 광고 등은 우리 나라 의류 유통 시장에서 해외 유명 브랜드의 수입이 호황을 이루는 계기가 되었다. 또한 92년 말 창간된 'ELLE' 등의 외국 유명 잡지의 한국어판의 출간으로 외국 유명 브랜드의 패션 화보가 대량으로 선보이게 되었으며 이는 일반 대중에게 세계 유행의 조류를 발빠르게 접할 수 있는 패션 정보 제공의 역할을 선도하게 되었다.

60. 베네통 수입, 패션리더, 1995년 12월

국내 컬렉션의 정기적 개최 및 국내 디자이너들의 해외 진출

SFAA(Seoul Fashion Artist Association)는 90년, '91 S/S 시즌 컬렉션'을 열면서 컬렉션의 국내 발전 시대를 열었다. SFAA는 이후 꾸준히 매년 2회 시즌별 트렌드 컬렉션을 열고 있으며, 한국의 트렌드를 제시하고, 디자이너들의 해외 진출을 지속적으로 모색해 오고 있다. 한편 이들의 출범 이후 타 패션 그룹들(KFDA,

61. 96 · 97 f/w SFAA Collection, 패션리더, 1996년 6월

62. 이영희의 파리 컬렉션 진출, 패션투데이, 1993년 5월

PARIS COLLECTION

172

JDG)도 이전의 패션쇼의 관행에서 벗어나 컬렉션으로 전환할 것을 선언했으며, 92년에는 소위 제3세대라 일컫는 젊은 디자이너들의 협회인 NWS(New Wave in Seoul)에서 '뉴웨이브 인 서울 Collection'을 열면서 컬렉션의 정착에 일조하게 되었다.

92년 한국인으로서는 처음으로 이신우, 이영희가 해외 컬렉션에 참가한 후, 93년 3월 진태옥, 95년 2월 홍미화가 합류하였다. 이후 국내 디자이너들의 꾸준한 해외 컬렉션 참가가 있었으며, 98년 봄에는 설윤형, 한혜자, 김동순, 지춘희, 박윤수 등 디자이너 5명이 뉴욕 컬렉션에 참가하게 되었다. 이들은 초기에는 주로 한국적인 디자인으로 외국 시장을 두드렸으며, 외국 유명 신문과 패션 잡지에 이미지 광고를 내는 등 이름 알리기에도 적극적이었다.

1990년대 연도별 유행 아이템

90년대는 탈유행의 시대로 불리울 만큼 특정한 한 스타일이 유행하는 것이 아니라 여러 가지 다양한 스타일이 공존하는 시대였다.

90년대 초에는 에콜로지의 영향으로 장식을 최대한 절제하고 부드럽고 자연스러운 여성미를 강조한 미니와 미디의 레이어드 룩이 등장하였다. 스커트는 80년대보다 더욱 짧은 미니 스커트와 화려한 원색의 식물 프린트 문양의 롱 스커트가 여름 시즌에 유행하였다.

63. 90년대 초반의 배꼽티와 초미니 핫팬츠, 패션 리더, 1996년 7월

1993년에는 타이트 롱 스커트와 미니 스커트가 함께 유행하였고, 바지는 긴 길이의 통바지와 함께 숏팬츠가 대중화되었으며, 스커트 수트보다는 편하고 활동적인 슬랙스 수트가 자주 등장하였다. 청바지도 본격 패션 시대에 접어들어 1970년대에 유행했던 낡고 헐렁한 청바지와 심지어는 여기저기 칼집을 낸 청바지를 멋으로 입었다. 또한 파카와 같이 부피가 큰 상의에 몸에 딱 밀착된 타이트한 스트레치 팬츠를 많이 착용하였고, 속이 훤히 들여다 보이는 레이스로 된 길이가 긴 조끼와 속옷 형태의 란제리 룩, 그리고 중고 감각의 실용적인 스타일에 캐주얼한 세퍼레이츠 룩이 유행하였다.

그 외에 1990년대 초반의 배꼽티, 골반바지, 초미니 핫팬츠, 프렌치 캐주얼(French casual)의 붐, 1990년대 중반의 아디다스 라인이 들어간 스포츠 룩(sports look)과 스쿨걸 룩(schoolgirl look), 1990년대 후반의 비대칭형 아방가르드 룩(avangarde look)과 IMF 이후 나타난 베이직한 클래식 스타일(classic style) 등의 다양한 스타일이 유행하였다.

64. 아디다스 라인이 들어간 스포
츠 룩, 패션리더, 1996년 4월

66. 스쿨걸 룩, 패션리더, 1996년
4월

66. 비대칭형 아방가르드 룩, 보
그, 1999년 11월

2000년대 패션

67. 다이나믹 코리아 홍보 포스터

밀레니엄과 함께 시작된 2000년대는 자연으로의 회기를 염원하면서도 휴대폰이나 인터넷과 같은 새로운 매체에 익숙해진 시대이다. 인터넷의 영향으로 다양한 정보가 빠르게 전파되면서 대중의 영향력이 커졌으며, 정보의 힘이 과거 어느 때보다도 강조되기 시작했다. 대중들의 영상이나 이미지 제작에 대한 지식과 대중에게 자신을 선보이는 것에 익숙해지면서 UCC(User Created Contents)가 대두되고 이와 함께 개인 홈페이지인 싸이월드나 블로그가 크게 인기를 얻게 되었다.

또한 자유경제를 받아들이면서 급속하게 발전하는 중국이나 제3세계의 영향력은 의식주를 비롯한 다양한 분야에서 퓨전열풍을 불러일으키는 데 원동력이 되고 있다. I.M.F의 경제적 위기를 극복하고 2002년 월드컵을 성공적으로 개최하였고 4위의 우수한 성적의 얻어 국내외적으로 '다이나믹 코리아(Dynamic Korea)'의 이미지를 다시금 강조하였다. 그리고 영화, 드라마, 음식, 의복 등의 문화라는 컨텐츠를 통해 우리 고유의 한-스타일이 한류로 세계 시장에 주목을 받게 되었다. 이러한 우리 문화에 대한 자부심과 함께 개개인은 자신에 대한 가치 있는 소비를 지향하게 되었다. 그래서 의상, 메이크컵, 헤어, 성형 등에 대한 외적인 관심뿐 아니라 지구 온난화와 같은 사회적 이슈에 대해서도 관심을 가지면서 친환경, 웰빙(Well-Being) 스타일을 추구하게 되었다.

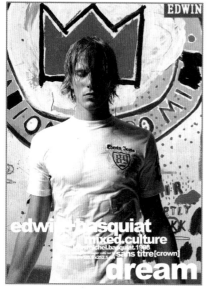

68. 패션브랜드 Edwin과 Basquiat의 그래피티의 만남. 에드윈 바스키아. Vogue girl Korea 2004년 6월

패션의 퓨전(Fusion)경향

2000년대에는 사회가 다변화되고 인터넷과 컴퓨터가 발달하면서 문화와 문화 간에 'fusion'이라는 코드가 더욱 두드러지게 나타났다. 퓨전은 통합과 융화라는 현상으로 표현되어 문화뿐 아니라 일상생활의 거의 모든 분야에서 나타났는데 영화, 음식, 음악 등에서 이런 현상을 쉽게 찾아 볼 수 있다.

이와 같은 퓨전 현상이 문화적 코드로서 떠오르게 된 사회·문화적 배경은, 현대인들의 기호가 세분화되고 다양화되어 레저 및 여가생활이 활성화됨으로써 드레스 코드(dress code)와 라이프 스타일의 변화, 멀티 컬처럴리즘 등을 들 수 있다. 이와 같은 현상은 패션 트랜드에서 확실히 구분 지을 수 있는 특징으로 '크로스 오버(cross over)' 혹은 '하이브리드(hybrid)'로도 불린다. 2000년대 패션에 나타난 퓨전은 1920년대에서 1980년대에 이르는 20세기의 레트로 패션은 물론 바로크·로코코·중세 시대 등 과

거 역사의 패션들을 재해석하여 현대 패션에 퓨전시킨 시대적 퓨전과, 다른 나라의 문화를 퓨전한 공간적 퓨전의 컨템퍼러리 에스닉룩(Contemporary Ethnic look), 남녀 성의 퓨전, 명품과 운동복, 캐주얼과 스포츠가 결합한 캐포츠룩(Caports look; Casual + Sports)과 같은 장르의 퓨전, 성인과 아이들의 패션을 퓨전한 연령의 퓨전인 키덜트(Kidult; Kid +Adult)룩 등이 있다.

이러한 퓨전 현상은 21세에 들어서면서 패션의 스타일이나 디자인 면을 뛰어넘어 마케팅에까지 나타나고 있는데 아트와의 퓨전을 그 예로 들 수 있겠다. 퓨전 패션의 구체적인 예로는 루이뷔통, 에르메스, 샤넬, 버버리의 퓨전 스타일 운동화와 폴 스미스와 리복, 준야 와타나베와 나이키의 제휴를 들 수 있으며 또한 크리스티앙 디오르도 새로운 패션 제안으로 "스포츠 구두"를 출시하였다. 국내에서는 쌈지 스페이스가 아트 마케팅의 원조로 불릴 만큼 다양한 아트와의 접목을 시도하였으며, EXR과 그래픽 아티스트 클라우스 하파니에미(Klaus Haapaniemi)와 조인한 '클라우스 월드 컬렉션', 스프리스와 요절한 천재 팝아티스트 장 미셸 바스키아(Basquiat)를 모티브로한 상품이 출시되기도 하였다. 따라서 2000년대의 퓨전은 형식이나 스타일 연출에서 탈형식, 다원화, 다문화 현상이 강조된 다양한 믹스 앤 매치(Mix & Match)를 선보이면서 패션을 연출하는 소스가 과거에 비해 훨씬 다양화되어가고 있다.

69. 다양한 믹스앤 매치 스타일

웰빙 열풍

2002년 국내에서 월드컵이 개최되면서 스포티브(Sportive)한 스타일이 패션에 나타났는데, 한국내표팀 서포티즈인 붉은 악마의 문양과 빨간색의 상징적 컬러 티셔츠가 기능성 소재로 사용되어 붉은색 의상이 물결을 이루었다.

국민소득이 올라가면서 오래 사는 것보다 어떻게 사느냐가 중요하다는 인식은 스포츠와 건강에 대한 관심을 불러일으키며 웰빙에 대한 관심으로 이어졌는데, 음식 문화에서도 유기농 식단을 선호하고 요가와 같은 정신적이면서 육체적인 면을 가꾸는 운동이 인기를 끌게 되었다. 서구인들도 동양의 야채 중심의 식단과 마늘, 고추, 김치 등이 비만이나 건강을 유지하는 데 중요하다는 것을 인식하게 되었다. 그래서 패션에서도 오가닉 면(organic cotton), 죽섬유, 옥수수, 숯 등 천연 원료에 의한 친환경적인

70. 요가보그 웰빙 열풍. "최윤영", Cosmopolitan, 2003년 2월

71. 웰빙 열풍과 스포츠 룩, Vogue Korea, 2006년 4월

72. 트레이닝복 스타일, Cosmogirl Korea, 2003년 9월

소재에 관심을 기울이게 되었다.

요가복과 같은 편안한 트레이닝 패션 스타일이 스트리트에서 몸매를 건강하게 가꾸고자 하는 젊은 여성들의 패션으로 빈번하게 보여졌다.

가치 소비(Value Consume)

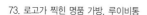
73. 로고가 찍힌 명품 가방. 루이비통

74. 매스티지 브랜드, 마크 제이콥스. Cosmopolitan Korea, 2003년 2월

소비자들이 변하고 있다. 남을 의식하며 남이 사는 물건에 대한 동경을 넘어서 자기 위주의 소비형태로 변하고 있다. 소비자들은 자신이 투자하고 싶은 물건에 대해서 마음가는 대로 선택하고 반대로 타인의 취향을 존중하게 되었다. 극도로 현명해져가는 소비자는 가격에 구애받지 않고 자신이 원하는 상품을 소비하거나 별로 중요하다고 생각하지 않은 상품에 대해서는 소비를 절제하는 탄력적인 소비 형태를 취하고 있다. 소비자들이 진화하고 있다.

자신에 대한 투자경향으로 남들보다 좋은 상품에 대한 열망이 두드러지게 된다. 이러한 분위기는 소위 '명품'으로 지칭되는 럭셔리 상품에 대한 열망으로 구체화되면서 다른 상품에 비해 비싼 패션상품들이 패션 시장에서의 위치를 넓혀가게 되었다. 소비사회에서 상류계층에 대한 동경과 신분상향 이동에 대한 시도를 가능케 하는 명품구매가 성행하였고, 루이비통이나 버버리, 구찌 등의 브랜드에서는 로고가 찍힌 상품을 출시하여 크게 인기를 끌고 있다.

이러한 고가 브랜드 열풍과 함께 매스티지(masstige; mass+prestige product) 상품도 인기를 끌었는데, 대중과 명품의 합성어인 매스티지는 미국의 경제잡지 『하버드 비즈니스 리뷰』에서 처음 사용된 용어로, 소득수준이 높아진 중산층들이 럭셔리 상품에 비해 비교적 저렴하면서도 감성적 만족을 얻을 수 있는 제품을 의미한다. 즉 품질과 브랜드 이미지는 럭셔리 상품과 비슷한 '명품' 이미지를 가지고 있으면서 합리적인 가격으로 제공되는 것으로 코치(Coach)나 미우미우(Miu-Miu), 안나수이(Annasui), 마크 제이콥스(Marc-Jacobs)같은 브랜드들이 매스티지 브랜드로서 대중들의 호응을 얻었다.

남성들의 패션화 경향

또한 외모를 가꾸는 것이 단순한 피상적인 변화를 추구하는 것이나 사회에서 보여주는 객체로서의 강조가 아닌 자신을 나타내는 적극적인 방법이라 인식되며 사회에서 외모의 중요성이 부각되면서 예전과 달리 외모를 꾸미는 남성들이 늘어나게 되었다. 이러한 남성상이 대중들에게 관심을 끌면서 메트로섹슈얼(metrosexual)이란 용어로 그러한 남성상을 나타내었다. 이와 함께 여전히 외모보다는 과거의 남성적인 터프함을 강조하는 위버섹슈얼(uebersexual)의 남성상이 부각되기도 하였는데 이러한 위버 섹슈얼도 근육을 가꾸는 등 남성적인 외모를 강조한다는 점에서 현대 사회에서 남성의 경우, 외모를 가꾸는 것도 중요하게 되었다는 것을 의미한다고 할 수 있다.

이 외에 남성성이 강조된 남성뿐만이 아니라 여성성이 가미된 남성상도 하나의 트렌디한 남성상이 되기도 하였는데(사진 75, 꾸미는 남성) 2005년 개봉된 '왕의 남자'에서 보통의 남성적 느낌에서 여성성이 부각된 극중 공길이란 인물이 당시 여성이나 남성들에게 많은 관심을 받기도 하였다. 이러한 여성성이 부각된 남성상은 크로스섹슈얼(cross-sexual)이란 용어로 지칭되었다. 기존에 남성복에 많이 쓰이지 않던 핑크와 같은 여성적인 컬러나 꽃무늬 또는 러플(ruffle)과 같은 디테일들이 남성복에 많이 사용되어졌다.

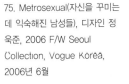

75. Metrosexual(자신을 꾸미는 데 익숙해진 남성들), 디자인 정욱준, 2006 F/W Seoul Collection, Vogue Korea, 2006년 6월

77. 화려한 무늬의 남성 셔츠. Cosmogirl Korea, 2003년 9월

새로운 것에 대한 대처로서의 빈티지 유행

매시간 새로운 것을 빠르게 만들어내는 소비사회에서 새 것에 대한 회의와, 남과 같은 스타일이 아닌 자신만의 스타일을 찾고자 하는 소비자들은 빈티지

78. 빈티지룩, 마크 제이콥스. Cosmopolitan, 2003년 2월

79. 빈티지룩. Vogue, 2006년

(vintage) 스타일에 열광하였다. 낡고 오래된 느낌, 익숙한 느낌에서 오는 편안함 또는 오래된 느낌에서 나오는 독특한 매력이 현대에 와서 세련됨으로 다가온 것이 2000년대 와서 빈티지라는 용어로 사용되며 폭넓게 사랑받았다. 이러한 느낌을 위해 패션 업체들은 낡은 듯한 느낌을 만들어내기 위해 완성된 모자나 티셔츠에 구멍을 뚫거나 사포를 사용하여 헐어지게 하기도 하였는데, 이러한 스타일은 편안하면서도 세련된 느낌으로 소비자들에게 인기를 끌었다.

매시간 새로운 것을 빠르게 만들어내는 소비사회에서 새 것에 대한 회의와, 남과 같은 스타일이 아닌 자신만의 스타일을 찾고자 하는 소비자들은 빈티지 스타일에 열광하기도 하였다. 낡고 오래된 느낌, 익숙한 느낌에서 오는 편안함 또는 오래된 느낌에서 나오는 독특한 매력이 현대에 와서 세련됨으로 다가온 것이 2000년대 와서 빈티지라는 용어로 사용되며 폭넓게 사랑받았다. 2000년 초반 레트로, 에스닉, 에콜로지 등이 패션의 화두로 대두되면서 낡고 오래되어 보이는 외관의 컬러감과 프린트 등을 사용하여 세월의 향수를 느끼게 하였다. 그래서 패션 업체들도 자연스럽고 낡고 오래되어 보이는 외관을 위해 의류나 원단에 탈색, 워싱, 염색 등의 다양한 가공을 통해 편안하면서도 세련된 느낌의 제품으로 소비자들에게 인기를 끌었다. 이러한 빈티지는 스트리트적인 캐쥬얼 감성과는 잘 어우러졌고 도시적이고 쉬크한 스타일에도 부분 활용되어 세련됨을 배가시키기도 했다.

그리고 초기 과시적 빈곤 미나 개성을 나타내기 위해 시각적으로 과도하게 부각되었던 빈티지 경향은 점차 성숙기에 접어들면서 다양한 주류 트렌드와 혼성·믹스되어 본연의 자연스러움과 정돈되고 세련되어지는 절제적 경향을 보이게 되었다. 즉, 빈티지 자체만의 경향을 부각시키기보다는 유동적으로 현시대의 다양한 트렌드와 절충되어 소재, 색상, 실루엣, 레이어링(layering) 등의 영역을 보다 풍성하게 만드는 역할을 하여 새로운 미의식을 자극하는 참신함을 제공하고 있다.

다양한 정보에 의한 유행의 빠른 전파

다양한 패션 정보를 빠르게 얻게 되고 패션에 대한 소비자들의 연출능력이 커지면서 구두나 주얼리, 백과 같은 액세서리에 대한 관심이 고조되고 이들에 대한 소비가 증가되기도 하였는데 특히 미국 드라마나 헐리우드 스타들의 파파라치에서

72. 2007년 유행한 스타, 모델들의 스타일을 엿볼 수 있는 패션 스타일. 모델: 하늘. am.i, 2007년 9월

73. 소비자에게 영향을 끼치는 헐리우드 스타의 패션. 시에나 밀러

74. 패스트 패션을 추구하는 의류 브랜드 H&M의 관련 기사. Ellegirl, 2004

75. 패스트 패션을 추구하는 의류브랜드 ZARA

많이 선보여진 실버컬러의 빅백(Big Bag)이나, 또는 마놀로 블라닉(Manolo Blahnik), 지미 추(Jimmy Choo)와 같은 슈즈 브랜드들이 인기를 끌었다.

다양한 대중매체가 생겨나면서 대중의 관심을 받는 유명인(Celebrity)들의 패션이 소비자들에게 직접적으로 영향을 끼치게 되었는데, 특히 인터넷이나 TV에서 헐리우드 스타를 비롯한 해외 유명인들의 패션을 접하게 되면서 예전에 국내의 스타들에 의해 소개되어진 최신의 해외 패션을 직접적으로 받아들이면서 유행이 예전에 비해 훨씬 빠르게 전개되는 경향이 나타나고 있다.

특히 패션에 대한 소비자들의 관심이 부각되고 유행이 빠르게 바뀌면서 자사의 컨셉을 강조하던 패션 업체들이 패션 트렌드를 중요시하는 정도가 강조되기도 하였는데, 트렌드 중심 업체인 ZARA나 H&M이 이끄는 패스트 패션(fast fashion)이 전 세계적으로 부각되면서 국내에 영향을 미치기도 하였다. 이러한 분위기에서 몇몇의 패션 업체들은 거품을 뺀 가격과 유행을 소비자에게 빠르게 전달하기 위해 유통 중심의 체제(SPA)를 취하며 이전에 비해 패션의 전파속도를 빠르게 하는 데 일조하게 된다. 또한 세계의 유행을 손쉽게 접할 수 있고 구매 또한 대행업체를 통하여 자신이 원하는 해외 브랜드를 빠르게 구매할 수 있게 되면서 패션 유행의 세계화 경향이 강조되었다.

패션에서 유행이 강조되면서 한번 입었던 옷을 시즌이 지나면 다시 입지 않게 되는 경우가 많아지고 환경문제에 대한 인식과 더불어 에코 디자인(echo design)의 중요성이 강조되기도 했는데 이는 의류의 재활용이나 친환경 섬유에 대한 관심도 불러일으켰다.

180

76. 온라인 매장 G-Market

온라인 상점의 부각

상품을 실시간으로 판매하는 온라인 상점은 구매의 용이성과 상품의 다양한 전개로 급속히 확대되어졌다. 온라인 상점은 시시각각 변하는 패션 트렌드에 맞추어 빠르게 상품을 소비자들에게 선보이면서 패션시장에서 위치를 다져가게 되었다. 온라인 상점인 G-마켓을 비롯하여 경매 사이트인 옥션(Auction)등 다양한 인터넷 온라인 상점들이 파워 있는 시장으로 부각되며 패션 분야의 주요 마켓으로 떠오르게 된다.

유행 아이템(Hit-Items)

에스닉풍이 유행하면서 러시아나 북유럽 등 다양한 지역의 민속복 느낌이 패션에 나타나기도 했는데, 에스닉풍의 티어드 스커트(tiered skirt)나 퍼(fur) 달린 베스트, 어그 부츠(Ugg boots)등이 유행하였다. 또한 다양한 복고 스타일이 유행하면서 60년대 느낌의 미니스커트나 스키니진(skinny jeans), 80년대 스타일의 레깅스, 승마바지. 이외 브루종(blouson)이나 사가렛 팬츠 등 다양한 아이템들이 2000년대에 새롭게 선보였다. 이러한 아이템들은 스트리트나 매스컴에 나타난 유명인들의 주요 패션 아이템으로 선보여지며 특히 젊은 여성들에게 머스트 해브(must-have)아이템으로 사랑받았다.

남성들은 화이트 이외에 다양한 컬러의 셔츠를 착용하기 시작하면서 패셔너블한 넥타이의 착용에 관심이 고조되어 다양한 넥타이가 선보여지며 인기를 얻었다. 축구스타 베컴이 착용하기 시작하여 세계적으로 큰 유행이 된 니트로 만들어진 모자 비니(beanie)가 국내 남성들에게 큰 인기를 얻기도 하였다. 이외에 렌즈가 큰 레이반 선글라스도 젊은이들을 대상으로 스타일리쉬한 느낌을 연출할 때 유행 아이템으로 넓게 선택되었다.

77. 비니를 착용한 모습

78. 유행 아이템: 스키니 진. 어그 부츠. 레깅스. 미니 스커트. Vogue Korea, 2006년 6월

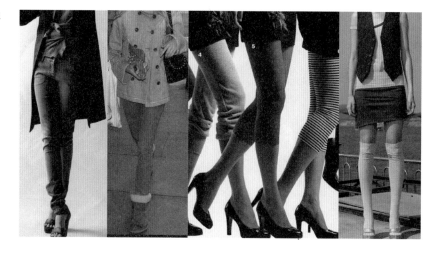

미래의 패션

미래의 패션 경향은 전체적으로 모든 가치 개념의 혼재를 표현하는 것이다. 유행이라고 하는 그 용어 자체의 유행은 존재하지 않는다.

미래는 실제로 훨씬 이전부터 이미 우리에게 와 있다. 과학 기술의 혁신으로 탄생된 컴퓨터와 정보 기술, 전자, 대중 매체 등에 의해 생산되는 이미지는 21세기의 자연스러운 일상 생활이 된다. 미래에는 우리가 상상으로만 그치거나 불가능했던 모든 것을 빠르게 눈앞에 만들어 내어 현대인들이 가진 모든 개념과 경험을 바꾸어 줄 것이다.

현재 세계 패션 흐름 역시 이런 커다란 조류에 융화되어 첨단 기술을 이용한 미래지향적인 경향이 두드러지고 있다. 이미 지배적인 패션 경향의 하나로 자연스럽게 접하고 있는 사이버 패션과, 키네틱 패션, 환경 친화적 패션, 생산 방식의 첨단화와 신소재 개발, 인터넷을 통한 패션 비즈니스 등을 통해 가시화되고 있으며 미래 패션은 기계 문명을 패션에 적절히 적용시켜 최첨단 테크놀러지를 인간과 연결하여 사회적인 문제점을 극복하려는 의지를 보여주는 실험성 있는 패션이 될 것이다.

패션 경향

20세기의 중요한 메시지는 결정적으로 개인주의의 확립이었다고 할 수 있다. 이제 20세기를 접는 시점에서 즉 하나의 유행은 존재하지 않는다. 왜냐하면 소비자들이 자신의 마음에 드는 옷을 결정해서 입을 것이기 때문이다. 이러한 디자인 경향은 때때로 반문화적, 극단적 성향도 띠고 있다. 정적인 컬러에 활기차고 동적인 에너지를 불어넣거나 전통적인 소재에 하이테크에 의한 기하학적인 실루엣 표현 등 상반된 개념으로부터 동시대적인 감각의 표현까지 연결하지 못하는 것은 없다. 따라서 패션에서 미래라는 새로운 키워드는 우리가 만날 수 있고 상상할 수 있는 모든 것들에 대한 동시대적인 표현이다.

79. 사이버 패션, Thierry Mugler, 1991년

사이버 패션(Cyber Fashion)

과학 기술의 혁신으로 탄생된 컴퓨터와 정보 기술, 전자, 대중 매체 등의 발달에 의한 변화의 가속화와 미래에 대한 관심은 정보 사회의 여러 분야에서 사이버 현상으로 나타나며 20세기와 21세기를 구별하는 가장 큰 특징으로 작용하고 있다. 현재 세계 패션의 흐름 역시 이런 커다란 조류에 자연스럽게 융화되어 첨단 테크놀러지를 이용한 사이버 경향이 두드러지고 있다. 스텐 망사를 소재로 한 현 한국 패션문화협회장 박민여 교수의 작품에서는 자연적 환경과 공동체적 감각이 어우러져 미래 공간을 이루고 있다. 소재로 사용된 은빛색 투명성과 미묘한 광택의 망은 하이테크적 표현과 인체의 부드러움을 표현하고 있다.

80. 박민여, 글로칼 *glocal*, 2001년, 스텐 망사

키네틱 패션(Kinetic Fashion)

키네틱 패션은 움직이는 예술인 키네틱 아트(Kinetic Art)의 영향이 의상에 반영된 것이다. 인체의 구조를 기계적으로 분석하여 패션에 적용한 로봇 수트(Robot Suit) 등을 그 예로 들 수 있다. 이것은 인간의 생활 환경이 우주로 확장됨에 따라 생활의 각 분야에서 활용되고 있는 로봇 기술을 폭넓게 받아들이려는 미래지향적인 의지가 나타난 것이다.

키네틱 패션은 실체적인 움직임을 표현하기 위해 과장적인 의복 형태와 비현실적인 재료로 사용하기도 하며, 또한 크리스탈 구슬, 셀로판 조각, 단추, 플라스틱 조각, 쇠사슬 등의 전혀 일상적이지 못한 소재들을 이용하여 색, 빛의 반사 효과에 의한 착시 현상을 유도하거나 기계적인 운동감과 속도감을 통해 환영적인 움직임을 표현하기도 한다. 김영인 교수의 작품에서는 금색 구슬로 화려하게 만들고 투명한 비닐 끈으로 둘러 감은 인체의 모습에서 20세기 물질주의에 의해 보이지 않게 구속된 인체를 표현하였으며, 진경옥 교수의 작품은 투명한 우레탄의 특성을 살려 빛에 따라 투영되는 금속의 느낌을 표현하였다.

81. 키네틱 패션, Paco Rabanne, 마담 휘가로, 2000년 3월

82. 김영인, *Fashion has always been more or less futurist*, 2001년, 금색 유리 구슬 · 비닐 끈 · 노방

83. 진경옥, *Fantasy*, 2001년

84. 유영선, 휴대품 *hand baggage*, 2001년, 포장 종이 · 파라핀

환경 친화적 패션

환경 보호는 21세기의 가장 중요한 이슈의 하나가 될 것이다. 따라서 현재 인류의 생태학적인 이슈를 테크놀러지를 통해 회복시키기 위한 목적으로 패션이 연구되어지고 있으며 이를 위해 환경상 안전한 무공해 패션, 재생 가능한 패션 등이 생산되어 궁극적으로 인간 삶의 질을 고려하는 디자인으로 발전되어 갈 것이다. 유영선 교수는 사용 후 버릴 수 있고, 착용자의 개인적 기호품과 혼자만 사용하는 물건들을 장식할 수 있는 미래 도시 생활인의 옷을 작품화하고 있다.

생산 방식의 첨단화

솔기선 처리 방법 등의 생산 공정에서의 발달로 새로운 개념의 몰딩 의복, 상하의와 신발이 하나로 된 토탈 룩 등이 예측되며 생산 공정의 첨단화와 컴퓨터로 자신의 신체 치수, 선호 색채 등을 입력하면 완벽하게 주문되는 방식도 각광을 받을 것이다.

신소재 개발

미래의 신소재는 첨단 과학을 이용하여 인간의 근원적인 평온과 안정된 삶을 위한 패션을 목적으로 한다. 신소재 영역에서는 지금까지 수많은 연구가 행해지고 있다. 현재 기업들은 의학적인 기능을 첨가하여 신체 기능을 체크하는 건강지향 신

85. 배천범, 우주의 강 *River in Space*, 2001년, 네오플랜 · EL(Electro Luminescence)

86. 진성모, 신철기시대 *New Iron Age*, 2001년

소재, 성장을 촉진시키거나 바이오 리듬을 조절하는 의료적 효과의 첨단 신소재, 신체를 적절한 온도로 유지시켜 주는 변온 섬유, 태양 에너지를 이용한 열역학적 의복을 위해 보온성 공급 및 방서의 효과를 주는 신소재, 초경량 신소재, 소취의 효과와 함께 향기를 즐기는 섬유, 카멜레온 섬유, 삼림욕 섬유, 엔돌핀 생산을 촉진하는 기분 전환용 섬유, 스프레이식 라텍스로 제2의 피부를 만들어 외관은 나체와 같으나 신체 보호 기능을 갖는 소재 등의 개발을 위해 연구중이며 디자이너들은 이러한 진보된 테크놀러지를 기존의 정적인 직물에 결합시키고 있다. 이는 우리들로 하여금 더 매력적이고 기술적으로 완벽한, 입기에 편하고 유쾌한 옷에 관한 열망을 불러일으킬 것이라 예견할 수 있다. 네오플랜을 소재로 한 배천범 교수의 작품에서는 미래의 우주 시대 패션의 이미지를 신소재 전광판을 조화시켜 표현하고 있다. 진성모 교수의 작품은 미래의 철기 문화 시대에 입을 듯한 전위적 느낌의 의상으로 철사와 거즈의 이중적 질감을 몸에 밀착된 실루엣의 원피스로 표현하였다. 또한 경직되고 딱딱한 건조한 인간이 아닌 창조적이고 역동적인 삶의 주체로서의 여성을 표현한 차은진 교수의 작품은 헤어와 점토를 소재로 사용하였다.

87. 차은진, 유목민적 신부
Nomadic Bride, 2001년

인터넷 비즈니스(Internet Business)와 패션 산업

마케팅 및 커뮤니케이션 도구로서의 인터넷은 이제 현실적 활용의 단계로 발전하고 있다. 인터넷은 패션 정보는 물론이고 코디네이트 시뮬레이션(cordinate simulation) 등의 기능을 제공하여 방문자들을 매료시키고 있으며, 전자 상거래 분야에서는 전략적으로 구성된 입점 업체의 섭외, 네티즌들의 관심을 잘 반영한 패션 컨텐츠의 개발, 성실한 관리 운영 등으로 인터넷을 통한 성공 모델이 나타나고 있다. 사이버 강의나 사이버 갤러리 등 다양한 방면으로 활용되고 있는 인터넷 패션 비즈니스는 이제 단순히 정보 전달이나 홍보의 단계를 넘어서 실질적인 비즈니스적 효익을 추구하는 단계로 확산되고 있는 추세이다.

인터넷 패션 비즈니스의 시장성은 현재보다 미래에 그 잠재력이 더 무한하다. 인터넷을 통한 패션 비지니스는 기업들에게는 필수가 될 것이며 미래에는 네티즌들의 감성과 개성을 충족시켜 줄 양질의 패션 컨텐츠(fashion contents)와 상품을 구비하는 기업들이 확산될 것이다.

입을 수 있는 컴퓨터(Wearable Computer)

책상 위의 개인 컴퓨터가 소형화되고 가지고 다니게 되면서 이 컴퓨터를 좀더 신체에 밀착시켜 의복화하려는 연구가 계속되고 있다. 'Wearable Computer'는 간단히 말해 정보를 입는 일이고 구체적으로는 반도체 칩을 내장한 의복과 구두, 모자, 안경, 액세서리(심장 박동을 세어 건강을 체크하여 알려 주는 컴퓨터 브로치류) 등에 정보 처리와 커뮤니케이션 기능을 부가하여 24시간 어디서든지 정보 환경에 접하도록 하는 것이다. 이처럼 미래에는 컴퓨터의 기능이 패션에 접목되어 인간의 소망을 실제화할 수 있는 역동적인 패션이 전개될 전망이다. 김정숙 교수의

88. Wearable Computer, 조선일보, 2001년 3월 30일자

작품은 콤팩트하게 접거나 감거나 착용에 의해 이동 가능한 정보 매체와 외부 유해 환경을 차단, 흡수할 수 있는 미래의 지능 섬유, 언제 어디서든 커뮤니케이션의 도구로 활용 가능한 의상과 소품으로 표현되고 있다.

결국 다가올 21세기의 큰 유행의 줄기를 예측하기 위해서는 무엇보다 우리가 어떤 모습으로 삶을 영위하게 될 것인가에 대해 역시 자문해 보아야 할 것이다.

89. 김정숙, *Wearable Technology*, 2001년, reflect mirror · F딧 · sponge · tube

참고 문헌

고려대학교, 『대전회통』(영인본), 1960

국사편찬위원회, 『조선왕조실록』(영인본), 탐구당

王圻, 『三才圖會』(영인본), 성문출판사

성현등 편, 『악학궤범』 고전국역총서, 1982

동국문화사, 『증보문헌비고』(영인본), 1970

민족문화추진회, 『고려도경』, 1978

민족문화추진회, 『고려사절요』, 1977

법제처 편, 『경국대전』, 부산일보사, 1961

이훈종, 『국학도감』, 민중서관, 1979

아세아문화사, 『고려사』(영인본), 1972

탐구당, 『혜원전신첩(지정문화재 국보 135호)』, 1974

법제처, 『국조오례의 1-2』, 1981

권오창, 『조선시대 우리옷』, 현암사, 1998

김동욱, 『한국복식사연구』, 아세아문화사, 1979

김영숙, 『조선조 말기 왕실복식』, 민족문화문고간행회, 1987

김영숙 편저, 『한국복식문화사전』, 미술문화, 1998

김정자, 『한국 군복의 변천사 연구』, 민속원, 1998

백영자 · 최해율, 『한국의 복식문화』, 경춘사, 1993

석주선, 『衣』, 단국대학교 석주선 기념 민속박물관, 1985

유송옥, 『조선왕조 궁중의궤복식』, 수학사, 1991

유효순 · 최해율, 『복식문화사』, 신광출판사, 2000

유희경, 『한국 복식사연구』, 이화여자대학교 출판부, 1975

유희경 · 김문자, 『한국 복식문화사』, 교문사, 1981

이강칠 편, 『명인초상대감』, 탐구당, 1972

이강칠 · 이미나, 『한국의 갑주』, 문화공보부 문화재관리국, 1987

이경자, 『한국 복식사론』, 일지사, 1983

이여성, 『조선복식고』, 민속원, 1981

전호태,『고구려 고분벽화 연구』, 사계절, 2000

전호태,『고분벽화로 본 고구려 이야기』, 풀빛, 1999

조선미,『한국초상화 연구』, 열화당, 1983

박규수 지음, 조효순 옮김,『역주 거가잡복고』, 도서출판 석실, 2000

조효순,『한국복식풍속사연구』, 일지사, 1988

한국문화재보호협회,『한국의 복식』, 1982

국립경주박물관,『신라의 토우』, 1989

광주민속박물관,『광주 · 전남지역 출토 조선 중기의 우리 옷』, 2000

국립민속박물관,『한국복식 2천년』, 신유문화사, 1995

국립중앙박물관,『가야 특별전』, 1991

국립중앙박물관,『한국초상화』, 1979

국립중앙박물관,『한국의 미』, 1988

궁중유물전시관,『조선조후기 궁중복식-영왕복식중심』, 1999

동화출판공사,『한국미술전집』, 1974

문화관광부 · 국립민속박물관,『한복의 세계화 이미지』, 1998

문화관광부 문화교류과,『아셈III 전통복식전시회』, 2000

문화공보부 문화재관리국,『문화재대관 중요민속자료편(下)』, 1986

서울대학교 출판부,『북한의 문화재와 문화 유적』, 2000

이화여자대학교 박물관,『복식』, 1995

전쟁기념관,『발해를 찾아서』, 1998

조선화보사출판사,『고구려고분벽화』, 1985

조선유적유물도감편찬위원회,『조선유적유물도감』, 1990

중앙일보사,『풍속화』한국의 미 19, 1985

고려대학교 박물관,『복식류 명품도록』, 1990

숙명여자대학교 박물관,『박물관 소장 명품 도록』, 1993

한복사랑운동협의회,『여성예복으로 만나는 한국의 아름다움』, 2000

한복사랑운동협의회,『한복의 신비로움을 찾아서-한국의 사례복』, 1999

호암미술관,『고려, 영원한 미-고려불화특별전』, 1993

『한국여속사진첩』

abstract

2000 Years of Korean Fashion and Culture

Costume is an important element of everyday culture in which all kinds of people regardless of their age and sex show interest. Therefore, the history of costume can be considered as the history of human civilization.

Korean people, branched off from *Tungus* people, had founded *Gojoseon, Buyeo, Samhan*, the Three Kingdoms, *Gaya*, Unified *Silla, Balhae, Goryeo*, and *Joseon* and their basic costume was based on that of *Scythian* which was characterized by the costume of the northern race suitable for cold regions.

The basic costume style can be verified in the mural paintings of *Goguryeo*(from fourth to sixth century). They wore hats on head, jackets on top of trousers, belts on the waist, and shoes on feet, and decorated their bodies with earrings, necklaces, rings, and bracelets. Formal dress included Korean topcoats for men and women with belts and was adorned with colorful lines on gores, neckbands, bottoms, and sleeves of topcoats.

Consulting Chinese historical data, we can assume that the costume styles of the Three Kingdoms(*Silla, Baekje, Goguryeo*) were similar.

In the 27th year of King *Goi*(260), *Baekje* established the costume for the government officials for the first time among the Three Kingdoms. In the seventh year of King *Beopheung*(520), *Silla* also began the costume system for the officials. But, from the third year of Queen *Jindeok* to *Joseon* period, the government officials wore *Danryeong* of Tang dynasty following the Chinese costume system. After the unification of the Three Kingdoms, upper class women put on jackets and skirts with shawls. Besides the basic costume of narrow sleeves and trousers, wide sleeves of topcoats and jackets and wide trousers was influenced by China even though the basic structure of costume system was not changed. Lower class women continued to wear traditional jackets and skirts and the government officials wore trousers, jackets, and topcoats like commoners at home.

While believing in Buddhism, *Goryeo* was administered under the influence of Confucianism. Even though *Taejo*, the first king of *Goryeo* followed the costume system of *Silla*, they decided the four-color costume system for the government officials to manifest one's status in the 11th year of *Gwangjong*(960). While *Hyeonjong*(1009-1031), the fourth king of *Goryeo*, was in office, many documants were damaged because of the invasion of *Liao*, so the system and its application are not certain. However, its system was completed again when *Choi Yun-Eui* wrote a book titled *Sangjeonggogeumrye* when *Goryeo* was ruled by *Euijong*, the 18th king. In the 18th year of *Gojong*(1231), the 23rd king, *Goryeo* was occupied by Yuan and the hair style and costume of Yuan were in fashion while the costume of *Goryeo* was introduced to *Yuan*. Nevertheless, common people continued to wear jackets, trousers, skirts, and outer garments and the government officials wore same kind of clothing at home.

The ruling philosophy and ideology of *Joseon* dynasty was Confucianism. Kings regulated *Orye*(five decorums) to preserve the country by philanthropy and ruled over the country by decorum. Code of laws stipulated in *Gukjooryeeui* and *Gyeonggukdaejeon* formed the basic laws of the country and had severe impacts on many fields during the *Joseon* period. After *Imjinwaeran*(Japanese invasion of Korea in 1592) and *Byeongjahoran*(*Qing*'s invasion of Korea in 1636), official outfit for the government officials was abolished and replaced by ordinary costume called *Heukdanryeong*. This simplified costume system for government officials was recorded in *Daejeontongpyeon*(in the 10th year of Jeongjo) and *Daejeon-hoetong*(in the 2nd year of *Gojong*).

Owing to Confucianism saying that one's social status, wealth, and prestige were already determined at birth, the class system of *Joseon* was strictly distinguished and people who belonged to upper or middle class had to wear specific costume stated in the code of laws. Though, costume for commoners was not regulated, it was greatly transformed after the two wars of *Imjinwaeran* and *Byeongjahoran* and once again during the period of *Yeongjo* and *Jeongjo*. Beginning the period of *Sukjong*, women's jackets became shortened and since middle and later *Joseon* period they became much more shortened and smaller. The patterns of skirts were diversified and took the shape of a big pot. As the avoidance of the opposite sex was solidified, women should wear a skirt for headgear and a long veil. Men's outer garments became diversified and their social status was expressed by the width of sleeves.

During the Enlightenment period shifting from the traditional society to the modern society, with the penetration of foreign culture, people wore Korean costume together with Western clothes. Intellectuals and politicians expressed their ideology of enlightenment to found a rich and powerful country by accepting advanced foreign culture and provoked *Gapsinjeongbyeon* in 1884 that was failed eventually. At that time, King *Gojong* who was sympathetic to the enlightenment ideology of young people tried to abolish the outer garments with wide sleeves and insisted on wearing topcoats with narrow sleeves, which induced strong resistance from Confucian scholars and ordinary people. Ten years later, everybody regardless of social status could put on topcoats and women could put on winter clothes, which represented the ideology of equality of the sexes and classes. So, they returned to the basic outer garments of Three Kingdoms period.

In this way, *Hanbok*(traditional Korean costume) such as skirts and jackets, trousers and coats, and topcoats has been continuously transmitted from before the Three Kingdoms period as the basic costume and has the longest tradition in the world.